뇌를 알면
아이가
보인다

행복한 교육을 위한 우리 아이 두뇌 들여다보기

뇌를 알면 아이가 보인다

김유미 지음

해나무

프롤로그

아이에게 가장 소중한 선물은 행복한 가정이다

거울로 위의 사진들을 바라보는 자신의 얼굴을 본다면 어떤 표정일까? 아마도 대부분의 경우에는 '미소를 머금은', '편안한', '즐거운', '행복한' 표정이라고 말할 것이다. 우리는 왜 그런 표정을 짓는 걸까? 그 답은 바로 뇌에 있다.

최근 신경과학자들은 어떤 동작을 하기 직전에 전동작피질이라는 부위에서 활성화되는 뉴런집단을 발견했다. 그런데 이 뉴런들은 자신이 움직일 때뿐만 아니라, 움직이는 다른 누군가를 볼 때에도 활성화됐다. 즉, 자신이 커피 잔을 잡기 전에 나타난 뉴런들의 활성화패턴과 다른 사람이 그렇게 하는 걸 볼 때의 활성화패턴이 동일했다. 그후 사토Sato와 요시카와Yosikawa라는 일본의 심리학자들은 얼굴표정을 대상으로 유사한 연구를 진행했는데, 행복한 얼굴표정을 바라볼 때 덩달아 행복한 표정을 지었으며 이때 거울뉴런mirror neuron이 개입된다는 사실까지 확인했다. 이 연구결과는 위의 사진을 보고 미소짓게 된 이유를 말해준다. 우리가 다른 사람의 웃는 표정을 보고 우리가 따라 웃게 되는 건 우리 뇌에 거울뉴런이 있기 때문이다.

뇌를 연구하는 과학자들은 이런 거울뉴런이 모방뿐만 아니라 '마음의 이론', 공감, 의도해석 등에도 필수적이라고 본다. 실제로 싱게르Singer 등과 같은 학자들은 자신이 아플 때 활성화되는 변연계 부위가 타인의 고통에 공감할 때에도 활성화되었음을 제시하고 있다. 우리는 거울뉴런 덕분에 다른 사람의 경험을 마음속으로 재현하고 정서를 이해하며 공감하는 것이다.

더구나 대부분의 부모와 교사들은 자녀나 제자의 웃음과 행복한 표정에 한층 더 공감하기 때문에 다른 아이들의 표정을 볼 때보다 편안함과 행복감을 더 느끼게 된다. 더욱이 아이들은 일반적으로 어른보다 더 많이 웃는다. 우리는 거울뉴런 덕분에 아이들이 주는 행복을 마음껏 누리고 사는 것이다. 이를 두고 "아이는 어릴 때 평생 할 효도를 다한다."는 말이 나온 듯하다.

그런데 문제는 이 거울뉴런이 어른에게만 존재하는 게 아니라는 점이다. 아이들에게도 거울뉴런은 존재한다. 결국 우리 어른들의 일거수일투족이 아이들의 거울뉴런에 탐지되기 마련이다. 그렇기 때문에 아이들 앞에서 우리 어른들의 행동은 조심스러워야 한다. 아이들의 거울뉴런에는 우리가 어떻게 비쳐질까? 고민스러운 부분이다.

필자는 부모나 교사들이 아이의 행복에 대해 깊이 고민한 후 교육이란 걸 시작했으면 하는 마음에서 거울뉴런으로 이 글을 시작했다. 아이는 우리에게 행복을 주는데 우리가 그들에게 주는 건 과연 무엇일까?

어쩌면 요즘 아이들의 거울뉴런에는 '계속해서 더 많은 행복을 달라고 매달리는 부모'가 포착될지도 모른다.

현재 우리나라 부모들의 교육열은 과도하다. 그런 교육열을 실천하려면 많은 희생이 불가피한 만큼, 마땅히 좋은 결과가 나와야 할 것이다. 그런데 안타깝게도 과도한 교육열이 성공적인 결과로 이어지는 경우는 그리 많지 않다. 설사 그 덕분에 명문대학에 진학한다 하더라도, 자녀들이 공부를 '즐기는' 경우는 그다지 많지 않은 듯하다. 심지어 자녀가 전인全人으로서 건강한 삶을 누리는 데 제약이 되기도 한다. 이런 일들이 일어나는 이유는 무엇일까? 이 책이 소개하는 뇌 발달과 뇌의 학습방식을 들여다보면 그 이유가 조금씩 보일 것이다.

『뇌를 알면 아이가 보인다』는 필자가 그간 뇌와 교육의 연결고리를 모색하면서 생각해온 '뇌', '공부', '행복' 등을 중심으로 구성했다. 1부에서는 부모들이 흔히 지니는 뇌에 대한 전반적인 오해를 바로잡고 올바른 이해를 돕기 위한 내용이 주를 이룬다. 특히 좌뇌/우뇌의 이분법적인 사고로 인해 생기는 편향적인 교육 방법에 대한 비판을 담았다. 2부에서는 뇌의 기본적인 구조와 기능을 간략하게 제시하였다. 발달 단계에 따른 교육 지침을 전달하기에 앞서 뇌의 생리학에 대한 기본 내용을 알고 있다면, 보다 과학적이고 체계적인 접근이 가능할 것이라고 생각했기 때문이다. 1부와 2부의 내용이 이론편이라면 3부는 실전편이라고 할 수 있다. 3부에서는 발달 단계에 따른 아동들의 성장과 행동 변화의 구체적인 배경을 살피고, 이에 근거한 올바른 양육이나 교육 방식을 제시한다. 다만 3부를 읽는 독자들에게 전하고 싶은 말이 있다면, 이 책에서 필자가 제시한 방법들이 모든 아동에게 적용되는 최적의 방법은 아니라는 점이다. 다분히 보통 아동을 대상으로 한 만큼 특수한 성장 질환을 겪고 있는 아동들을 포괄하지 못한 부분이 있음을 밝힌다. 따라서 이런 한계를 조금이라도 보완하고자 4부에서는 영재, ADHD 아동, 주의 및 행동 장애 아동, 자폐 아동 등 특수 아동들에 대한 내용들을 짤막하게나마 다루었다.

사실 이 책은 뇌와 관련된 재미있는 연구결과들을 많이 소개하고 있지만, 무엇보다도 필자의 주 관심사는 아이들이 어떻게 하면 행복하게 학습하며 자랄 수 있는가이다. 대부분의 양육서나 교육서들이 아이를 어떻게 하면 보다 똑똑하고 특출나게 기를 수 있을까에 초점을 맞추고 있는 것이 현실이다. 그러다보니 아이의 뇌 상태와는 무관하게 부모나 교사 입장에서 공부 잘 하는 아이를 기르기 위한 방법에 치중하기 일쑤이다. 문제는 그런 방법들이 아이의 뇌에 부정적으로 작용할 수도 있다는 점이다. 『뇌를 알면 아이가 보인다』는 아이의 뇌를 이해하고 그 특성을 적극 지원하는 양육, 교육방식을 활용하다 보면 아이가 자연스럽게 주도적인 아이, 공부를 잘하고 즐기는 아이, 안정감 있는 아이, 행복한 아이로 변해간다는 데에 초점을 두고 있다. 거듭 강조하건대 너무 앞서 가는 부모나 교사의 교육열이 아이가 뇌를 적극 활용하고 행복한 삶을 누리는 데 제약이 될 수 있음을 명심해야 한다. 이쯤해서 독자 여러분도 '나로 인해 지금 내 자녀는, 내 제자는 행복할까' 자문해봐야 한다. 모쪼록 이 책을 통해 세상의 모든 아이, 부모, 교사가 행복할 수 있었으면 하는 바람이다. 그러면 지금부터 '뇌를 통해 아이를 알아가는 흥미진진한 여정'을 시작하기로 하자.

 차례

프롤로그 아이에게 가장 소중한 선물은 행복한 가정이다. • 004

1부 뇌에 대한 믿음과 오해

1장 뇌는 무한한 가능성을 갖고 있다 • 017

2장 뇌에 대한 우리의 상식, 과연 옳을까? • 021
좌뇌와 우뇌의 기능 분화는 절대적인 것이 아니다 | 뇌의 활동 과정에도 개인 차는 존재한다 | 뇌는 이분법을 싫어해 | 창의성은 우뇌만의 전유물이 아니다
Tip 좌뇌와 우뇌를 고루 활용한 아인슈타인 • 030

3장 좌뇌와 우뇌를 연결해주는 뇌 속의 작은 다리 • 031
Tip 탄트라 경전에 나타난 뇌 철학 • 035

2부 뇌의 구조와 기능

1장 아이의 뇌를 구성하는 기본요소들

뉴런, 인간 신경망의 핵심 • 040 세포체 | 축색돌기 | 수상돌기
시냅스, 정보를 전달하는 중요한 틈새 • 043
교세포, 뉴런을 도와주는 충실한 도우미 • 044

2장 뇌는 분업도 잘 하고, 협업도 잘 한다

전두엽 • 048 전두엽은 주의집중과 기억의 중추이다 | 전두엽은 새로운 과제에 관심이 많다 | 전두엽은 정서를 조절한다

측두엽 • 056 측두엽은 언어 능력을 관장한다 | 측두엽은 직관력이나 통찰력과 큰 관계가 있다

두정엽 • 060 두정엽은 수학적 추리나 공간 해석 등에 관여한다

후두엽 • 063 후두엽은 시공간정보를 저장하는 작업기억을 담당한다

뇌의 각 부위는 네트워크를 이루어 상호작용한다 • 065

3장 삼위일체의 뇌

파충류의 뇌, 뇌간 • 068 뇌간은 생존에 필수적이다 | 뇌간은 주의집중을 유도한다 | 뇌간은 신경전달물질을 만든다

소뇌 • 070 소뇌는 신체의 움직임을 조절한다 | 소뇌는 인지 작용과 정서 발달에도 영향을 준다

시상과 시상하부 • 073 시상하부는 신체의 리듬과 평형을 조절한다 | 시상하부는 성적 정체감을 결정한다

해마 • 076 해마는 단기기억의 중추이다 | 해마는 스트레스에 민감하다

편도 • 078 편도는 정서를 유발한다 | 편도는 부정적 정서에 민감하다 | 편도는 정서와 관련된 기억을 다룬다

측좌핵 • 082 측좌핵은 동기유발에 관여한다

뇌간, 변연계, 피질의 관계 • 084

3부 뇌를 알고 가르치자

1장 뇌 발달에서는 환경과 경험이 중요하다
영양의 공급 • 090
풍요로운 경험 • 091
'의미 있는 타인'의 애착과 사랑 • 093

2장 아이의 뇌 발달은 자궁에서부터 시작된다
태아기 뇌 발달의 특징 • 099 뇌 발달은 수정 직후부터 급격히 이루어진다 | 뉴런이 어떻게 자리잡는가에 따라 아이의 뇌가 결정된다 | 태아는 적극적으로 성장해가는 하나의 생명체이다

뱃속의 아이를 위한 태교 지침 • 103 엄마가 튼튼해야 아기도 튼튼하다 | 엄마의 마음이 아기의 마음이다 | 엄마의 올바른 생활습관이 아이에게 전달된다 | 최고의 학습 환경은 자연스러움이다 | 직장여성의 태교-태아는 엄마에게 조절되어 간다

Tip 태내에서 남녀의 뇌 발달 차이 • 108

3장 아기는 온몸으로 세상을 탐구한다
영아기 뇌 발달의 특징 • 110 생후 2년간은 아이의 뇌가 폭발적으로 성장하는 시기이다 | 활발한 탐색 활동은 지적 능력과 공간감각 능력을 발달시킨다 | 측두엽의 발달은 청각 능력과 연결된다 | 후두엽의 발달은 시각 능력과 연결된다 | 전두엽의 발달을 위해서는 따스한 분위기가 중요하다

영아기의 아이를 위한 양육 지침 • 115 학습용 비디오라 할지라도 과도한 시청은 부작용을 부른다 | '풍요로운 경험'은 아이의 눈높이에서 이루어져야 효과적이다 | 말썽꾸러기의 뇌를 기죽이지 말자 | 초보적이지만 올바른 식생활 지도가 필요하다 | 인내심을 가지고 양육의 일관성을 지켜야 한다 | 숙면할 수 있는 환경이 중요하다 | 심리적으로 안정된 분위기를 만들어라

Tip 영아들의 반사능력 • 130

4장 학습교육은 이제부터 시작이다

유아기 뇌 발달의 특징 • 133 우뇌가 주로 발달한다 | 뇌량의 앞부분과 전두엽은 발달하나 측두엽 발달은 아직 미숙하다 | 시냅스의 밀도가 점차 안정기에 접어든다

유아기의 아이를 위한 양육 지침 • 136 '풍요로운 환경'에 대한 잘못된 환상을 버리자 | 아이들은 모두가 타고난 과학자이자 탐험가이다 | 다중지능을 활용하자 | 언어 발달은 생활 속에서 이루어진다 | 선택의 주도권, 도전감, 긍정적 피드백을 제공하고 필요의식을 자극해라 | 아이의 상상력에 날개를 달아라 | 부모 스스로의 정서조절도 중요하다 | 아이의 솔직한 표현을 수용하라

Tip 풍요로운 경험에 대한 잘못된 환상에서 벗어나자 • 153

5장 학습에 날개를 달아주자

아동기 뇌 발달의 특징 • 157 좌뇌의 발달이 활발하다 | 뇌량의 가운데 부분이 발달하여 언어 발달이 용이하다 | 측두엽, 두정엽이 몰라보게 발달한다 | 시냅스의 가지치기가 시작된다 | 신체 및 인지 능력이 급격히 발달한다 | 정서의 질적인 변화가 나타난다

아동기의 아이를 위한 양육 지침 • 162 자아존중감을 키워주자 | 올바른 먹을거리 지도가 필요하다 | 지나친 인터넷 사용이나 컴퓨터 게임을 금지해라 | 아이가 주의집중할 수 있는 환경을 만들어라 | 체계적인 언어교육의 최적기임을 기억하라 | 학습 전략을 가르쳐라 | 쉬는 방법도 배워야 한다 | 스스로 자라도록 기다려주자 | 정서조절 능력을 가르쳐라 | 도덕성을 길러주자 | 몰입의 기쁨을 체험하게 하라

Tip 청소년들의 뇌에서는 무슨 일이 벌어지고 있을까? • 183

4부 특수 아동들의 뇌

1장 우리 아이도 영재일까?
영재들의 뇌 발달 특징 • 190 전두엽의 발달 속도가 남다르다 | 좌뇌와 우뇌의 상호 보완이 뛰어나다 | 신경 연결망의 효율성이 뛰어나다 | 작업기억이 우수하다
영재가 아니어도 성공할 수 있다는 믿음이 중요하다 • 194

2장 산만한 우리 아이 혹시 ADHD는 아닐까?
ADHD를 이해하는 열쇠, 주의 관련 신경 네트워크 • 198
ADHD 아동의 뇌 • 200
유사 ADHD 예방을 위해 학부모가 기억할 것 • 201 정리된 환경을 마련하라 | 아이에게 한 번에 한 가지씩 지시해라 | 아이에게 휴식시간을 갖게 해라 | 아이 주변의 주의산만 요소를 제거하라 | 아이가 활동할 기회를 마련해라 | 교사와 긴밀한 관계를 유지해라
유사 ADHD 예방을 위해 교사가 기억할 것 • 205 적당한 학습 속도를 유지하라 | 시각적 이미지와 적극적 참여를 최대한 활용하라 | 아이들을 모두 볼 수 있는 좌석배치를 하자 | 일관된 행동규칙을 적용해라 | 오랫동안 한 자리에 앉아 있게만 하지 말자 | 교실의 조명을 밝게 하자 | 교과서 이외의 수업자료로 흥미를 돋워라 | 토론 수업을 진행해보라

3장 불안해하고 우울해하는 우리 아이 괜찮은가요?

뇌에서 정서를 느끼는 과정 • 210

불안장애 • 212 공포증 | 범불안장애 | 공황장애 | 강박장애 | 외상 후 스트레스 장애

우울증 • 216

정서·행동장애아를 위한 지도방안 • 219 유머를 활용하자 | 학생들간의 상호존중을 강조하자 | 모든 교사가 함께 시행하는 규칙을 몇 가지 정하자 | 정서조절 방법을 가르칠 기회를 찾자 | 진심 어린 칭찬을 하자 | 시험의 불안을 줄여라

4장 폐쇄적인 우리 아이 괜찮은가요?

자폐 아동의 특성 • 223

자폐 서번트 • 226

자폐적 성향을 가진 아동들을 위한 지도방안 • 228 시각 자료를 활용하라 | 구조화 작업이 필요하다 | 사회적 상호작용의 방법을 알려주어야 한다

에필로그 아이의 뇌가 품고 있는 무한한 잠재력을 위해 • 231
참고문헌 • 235
사진 출처 • 239

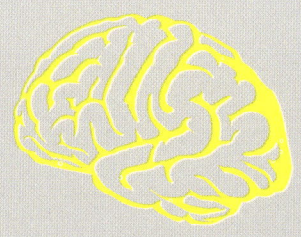

1부 · 뇌에 대한 믿음과 오해

우리는 뇌의 10퍼센트만 사용한다? 그렇지 않다.
우리의 두뇌는 다른 기관과 마찬가지로 100퍼센트에 가까운 활동을 하고 있다.
다만 경우에 따라 더 활발히 활동하는 영역과 그렇지 않은 영역이 변화할 뿐이다.

샌드라 아모트 Sandra Aamodt & **샘 왕**Sam Wang
〈웰컴 투 유어 브레인〉의 저자

뇌는 무한한 가능성을 갖고 있다

1

두개골을 지나 세 개의 막을 거치면 뇌척수액에 떠 있는 뇌가 보인다. 옆의 그림은 겉에서 본 뇌의 모습이다. 흔히 뇌를 소우주라 하지만, 겉에서 본 뇌는 보잘것없는 작은 덩어리에 불과하다. 이 작은 덩어리 속에 우리의 사고, 정서, 의식, 동작, 생존이 담겨 있는 걸 보면 그저 불가사의할 뿐이다. 이런 뇌의 크기는 양쪽 주먹을 마주 댄 정도로, 대략 1400~1500그램에 이른다.

18쪽의 그림은 아이의 발달 과정에서 뇌 무게의 증가 추세를 보여준다. 이 그래프를 본 독자들은 직감적으로 두 가지 생각을 떠올릴 것이다. 하나는 3세까지 뇌 무게가 급격하게 증가하므로 그 무렵에 학습에 도움을 주는 무언가를 해줘야 할 것이라는 생각이다. 그렇게 해주지 못한 부모들 중에는 죄책감까지 느끼는 이도 있을 것이다. 그러나 3세까지 뇌 무게가 현저히 증가하는 것은 사실이지만, 그렇다고

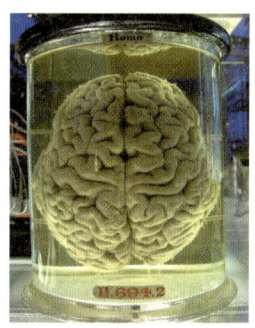

겉에서 본 뇌의 모습. 양쪽 주먹을 마주 댄 정도의 크기를 가진 이 작은 덩어리 속에 인간에 관한 모든 것이 들어 있다. 일반적인 뇌의 무게는 1400~1500그램 정도이다.

연령에 따른 뇌 무게의 증가. 0~3세 사이에 뇌 무게가 급격하게 증가한다.

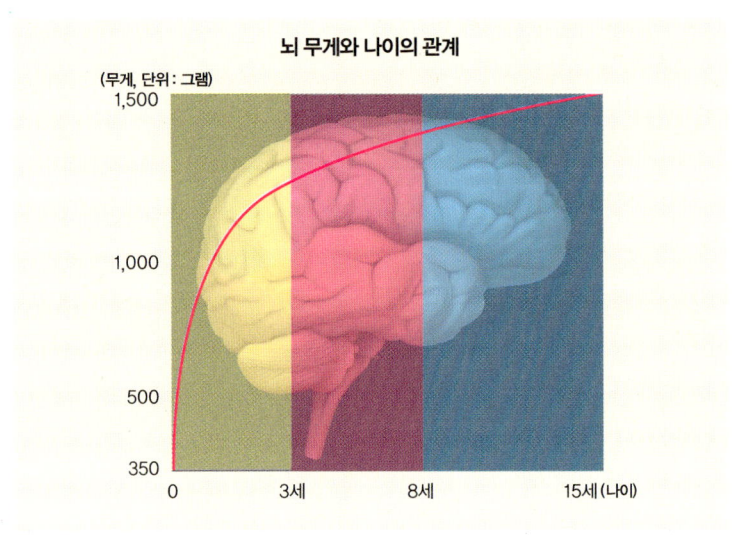

미국의 신경과학자 존 브루어는 『생후 3년간의 신화』라는 책에서 뇌 발달 연구결과를 왜곡하거나 과장하여 상업적으로 남용하는 조기 영재교육을 비판하면서 부모나 교사들의 냉철한 판단을 촉구했다. 브루어는 두뇌의 성장이 생각보다 완만하게 이루어지며, 생후 3년간이 중요한 시기임에는 틀림없지만, 우리가 생각하는 것처럼 결정적인 시기는 아니라고 주장했다.

해서 '무엇을 어떻게 해야 한다'고 결론 짓는 것은 성급한 생각이다. 실제로 이 그래프도 보통 환경에서 생활한 사람의 뇌 무게 증가를 나타낸 것이다. 즉, 과외의 경험을 제공해서 이처럼 뇌 무게가 증가한 것은 아니다. 미국의 신경과학자 존 브루어John T. Bruer는 『생후 3년간의 신화The myth of the first three years』라는 책에서 뇌 발달 연구결과를 왜곡하거나 과장하여 상업적으로 남용하는 조기 영재교육을 비판하면서 부모나 교사들의 냉철한 판단을 촉구했다. 그럼에도 불구하고 여전히 우리나라에서는 뇌 발달 연구결과를 자의적으로 해석하여 조기 영재교육을 부추기고 있는 모습이 비일비재한 실정이다.

그래프를 보고 독자들이 떠올릴 또 다른 생각은 이 책을 읽는 대부분의 부모나 교사들이 '나는 15세가 이미 넘었으니, 나의 뇌를 위해 할 수 있는 것은 아무것도 없을 것'이란 생각이다. 그러나 결코 그렇지 않다. 그래프에 나타난 15세까지의 뇌 발달은 뇌의 양적인 발달만 보여줄 뿐이다. 뇌의 질적인 발달은 성인기 초기까지 활발히 진행된다. 또한 우리의 뇌는 어떻게 관리하느냐에 따라 크게 달라지는 신체 나이와 마찬가지로, 자신의 관리방법과 활용도에 따라 크게 달라질 수 있다. 가령, 30대라 하더라도 과도하게 스트레스를 받고, 운동을 하지 않으며, 아무런 호기심도 없이 무료하게 생활한다면, 젊고 건강한 뇌를 갖기 어렵다. 반면에 50대의 뇌라 하더라도 긍정적이고 이완된 생활을 하며 호기심을 가지고 무언가를 배우려 하며 무언가에 몰입해 생활한다면 젊고 건강한 뇌를 가질 수 있다. 뇌는 아동기나 청소년기까지만 발달하고 그 후에는 발달을 멈추는 게 아니라, 항상 변화의 가능성을 지닌 신체 기관이라는 사실을 명심해야 한다. 이를 학문적으로, "뇌에는 가소성Plasticity이 있다"고 말한다.

뇌의 무게는 개인에 따라 다소 다르나 여성에 비해 남성이 무거운 편이다. 뇌 무게와 지능 간의 관계는 오랫동안 많은 사람들의 관심사였지만, 뇌 무게가 무겁다고 해서 꼭 '영리하다'고 말할 수는 없다. 그러니 남성의 뇌 무게가 무겁다고 해서 여성보다 남성이 더욱 영리하다 말할 수는 없는 것이다. 실제로 지금까지 알려진 가장 무거운 뇌는 미국 오하이오 주州의 실험실에서 사망한 사람의 뇌인데, 그 무게가 자그마치 2265그램(평균치의 2배)이나 되었다. 하지만 이런 슈퍼 뇌를 지닌 이의 지능은 일반인과 큰 차이가 없었다.

그러나 근래 들어와 톰슨Thompson을 비롯한 연구자들은 뇌 부위 중 기억과 연산 등과 같은 고차원적인 사고 작용을 담당하는 부위인 전두엽(뇌의 앞 부분)의 무게가 지능과 밀접하게 관련되는 것을 발견했다. 이는 아마도 전두엽의 무게가 클수록 뇌의 신경 연결망인 시냅스 수가 많을 가능성이 더 높기 때문일 것이다. 이 연구결과도 전두엽의 무게가 크기 때문에 지능이 높은 것인지, 아니면 전두엽 부위를 활발하게 이용해서 시냅스 밀도가 높아진 것인지에 대해서는 여전히 규명되어야 할 부분이다.

뇌에 대한 우리의 상식, 과연 옳을까? 2

오른쪽 사진에 나타난 것처럼, 겉에서 보아도 확연히 드러나는 뇌의 특징은 좌뇌와 우뇌 2개로 나뉘어 있다는 사실이다. 이 사진에서 볼 때 좌뇌와 우뇌의 크기가 대칭인 것처럼 보이지만, 실제로는 뇌의 앞 부분은 우뇌가 더 돌출되고 넓은 반면, 뒷부분은 좌뇌가 더 돌출되고 넓은 편이다. 이러한 좌뇌와 우뇌는 각기 그 기능이 전문화되어 있다. 좌뇌는 논리적 사고, 수학 연산, 언어 능력, 분석적 사고, 순차적 정보 처리를 주로 담당하고, 우뇌는 얼굴 및 표정 인식, 리듬감, 이미지 작용, 직관, 정서, 병렬적 정보 처리 등을 주로 담당한다. 그래서 동일한 도형을 보고도 22쪽의 그림과 같이 좌뇌는 부분을, 우뇌는 전체적인 형태를 주로 처리한다. 또한 언어자극을 제시할 경우에는 좌뇌가, 음악자극을 줄 때는 우뇌가 상대적으로 더 활성화된다.

사실 위에서 설명한 내용들은 과학의 대중화로 인해 독자들도 이미

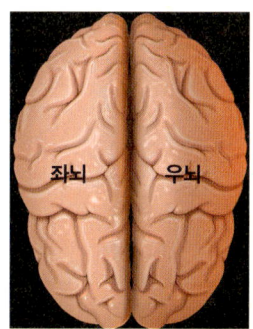

좌뇌와 우뇌로 나뉘어진 뇌의 모습

좌뇌는 부분을 우뇌는 전체적인 형태를 주로 처리한다. 그리고 언어 자극에는 좌뇌가, 음악 자극에는 우뇌가 상대적으로 활성화된다. 하지만 무조건 예술적 재능은 우뇌가, 언어 활동은 좌뇌가 관련된다고 해석하는 것은 무리가 있다.

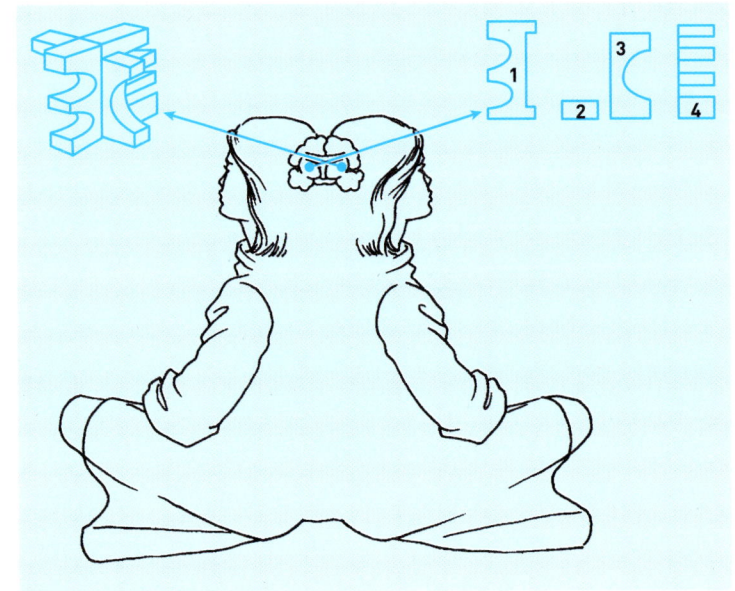

상식적으로 잘 알고 있는 내용이다. 그러다보니 필자가 '뇌를 알면 아이가 보인다'라는 강의 제목을 말하면, 간혹 어떤 분들은 좌뇌와 우뇌에 대해 강의할 예정이냐며 묻기도 한다. 이 질문 속에는 뇌에 관한 것이라면 나도 어느 정도는 알고 있다는 의미가 숨어 있다. 그러나 이처럼 '조금 아는' 것이 아이들의 교육이나 학습에 도움이 되기는커녕 오히려 문제를 일으키기도 한다. 필자가 보건대 좌뇌와 우뇌의 기능 분화에 관한 사실이야말로 가장 많이 과일반화되고 왜곡된 분야라고 생각한다. 그 이유를 하나씩 살펴보기로 하자.

좌뇌와 우뇌의 기능 분화는 절대적인 것이 아니다

좌뇌와 우뇌의 기능이 전문화된 건 사실이지만, 그 기능 분화가 절대적인 것은 아니다. 가령, 『한쪽 뇌만으로 충분하다』라는 책의 주인공인 니코Niko는 생후 3년 7개월 무렵 심한 간질발작으로 우뇌를 제거했지만, 남들이 뇌의 한쪽을 제거했으리라고 생각하지 못할 만큼 정상적으로 생활하고 행동했다. 니코가 그렇게 할 수 있었던 것은 남은 반쪽 뇌가 좌뇌와 우뇌의 기능을 두루 수행했기 때문일 것이다. 이러한 사실은 『기적을 부르는 뇌The brain that changes itself』에 소개된 마크Mack의 예를 통해서도 확인되었다. 그녀는 좌뇌가 거의 없는 상태로 태어났지만, 우뇌만으로 언어를 구사했고 계산 능력이 탁월했다. 물론 그녀는 일상생활에서 어려움이 있었지만 '좌뇌가 없다'고 느낄 정도는 아니었다고 한다. 이런 사례들은 어떤 활동의 전문화를 설명할 때 절대적인 의미가 아니라 우세함의 정도로 해석하는 것이 적절함을 보여준다. 또한 좌뇌와 우뇌가 전문화되었다 하더라도 인간의 일상에서 나타나는 행동은 미시적인 행동이 아니라 대부분 대단위의 행동이다. 이런 대단위 행동은 보통 한쪽 뇌만으로는 불가능하다. 즉, 좌뇌와 우뇌의 기능에 대한 연구결과가 유용한 정보는 될 수 있지만, 과일반화해서 교육적 처치를 제시하는 것은 금물이다. 학자, 작가, 동화구연가 등은 무조건 '좌뇌형 인간', 건축가, 가수, 음악가 등은 무조건 '우뇌형 인간'이라고 단정을 짓던 상식은 이제 더 이상 상식이 아니다.

뇌의 활동 과정에도 개인 차는 존재한다

15살에 체스 그랜드 마스터에 오른 헝가리의 주디트 폴가르. 그녀는 3초 만에 체스판을 보고 기억을 하여 복기가 가능했다고 한다.

동일한 과제를 수행하더라도 사람에 따라 뇌의 처리 부위는 다르다. 같은 음악을 듣더라도 초보자들은 주로 우뇌로 처리하지만, 음악을 전공한 전문가들은 주로 좌뇌로 처리한다. 실제로 절대음감이 있는 음악가들의 경우, 좌뇌의 측두평면(소리를 담당하는 뇌의 영역)이 더 큰 것으로 밝혀진 실험결과도 있다. 전문적인 훈련을 받은 음악가들이 일반인들과는 다르게 좌뇌로 음악을 처리하는 이유는, 선행지식을 기반으로 음악을 '분석'하며 감상하기 때문일 것이다. 바둑이나 체스를 둘 때에도 고수들은 우뇌가 더 활성화되지만, 초보자들은 좌뇌가 더 활성화된다. 그래서 고수들의 경우에는 우뇌를 통해 패턴을 기억하여 복기가 가능한 듯하다. 실제로 세계 체스 그랜드 마스터인 폴가르Polgar는 체스판을 3초만 보고도 기억해서 그대로 복기해낼 수 있다고 한다. 물론 폴가르 같은 고수라 하더라도 체스를 전혀 모르는 사람이 어떠한 규칙성도 없이 아무렇게나 놓은 수라면 복기할 수 없을 것이다.

긍정적 정서인지 부정적 정서인지에 따라서도 활성화되는 부위가 다르다. 전반적으로 정서처리에는 우뇌가 우세하지만, 긍정적인 정서일 경우에는 주로 좌뇌에서, 부정적인 정서일 때는 우뇌에서 처리한다. 초기 뇌 연구결과, 우뇌 손상 환자의 경우 자신의 상처에 대해 별로 걱정하지 않은 반면, 좌뇌 손상 환자는 자신의 상처에 대해 지나치게 비극적이었다는 사실이 밝혀진 바 있다. 최근에 보고된 연구결과 중 흥미로운 결과가 하나 있다. 좌뇌 앞부분의 뇌파가 더 활성화된 실험 대상자들은 우뇌 앞부분의 뇌파가 더 활성화된 실험 대상자들에 비해 긍정적 정서가 강한 것으로 나타난 것이다.

물론 부정적 정서에 대해서는 정반대의 결과가 나왔다. 이런 결과는 긍정적인 사람들의 경우 좌뇌 활동이 더 활발한 반면, 부정적인 사람들의 경우에는 우뇌 활동이 더 활발함을 시사해준다. 이 연구를 수행한 데이비슨Davidson 박사는 좌뇌가 보다 활성화되면 더욱 큰 행복감을 느끼고 열정이 넘치는 반면, 우뇌가 좀 더 활성화되면 고민이 늘어난다고 말한다. 우리가 생활을 하다보면 만사를 지나치게 낙관적으로 생각한 나머지, 미래를 제대로 준비하지 못하는 경우도 있고, 반대로 부질없는 과도한 걱정으로 인해 알고 있던 해결책마저 떠오르지 않은 경우가 있다. 결국 우리의 좌뇌와 우뇌는 적절히 조화를 이루어야 비로소 만사에 지혜롭게 대처하게 되는 모양이다.

뇌는 이분법을 싫어해

우리 인간의 활동은 대부분 어느 한쪽 뇌만 개입하는 것이 아니라 양쪽 뇌가 개입한다는 사실을 기억하자. 설사 간단한 언어자극에서는 좌뇌만 활성화된다 하더라도, 아이와 대화하거나 아이에게 공부를 가르치는 대부분의 언어활동에서는 좌뇌와 우뇌가 모두 개입한다. 음악활동도 마찬가지다. 특히 악기 연주와 같은 활동은 운동 신경, 청각 신경 등 뇌의 여러 부위가 고루 활성화되어야만 하는 멀티태스킹multi-tasking 활동이다. 따라서 악보를 보고 해석하고 느끼면서 손으로 연주

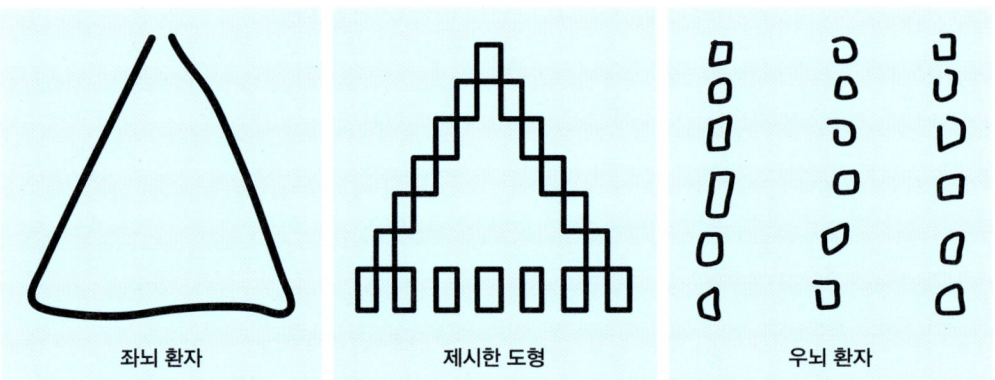

좌뇌 환자 / 제시한 도형 / 우뇌 환자

좌뇌 환자와 우뇌 환자의 그림 비교. 작은 사각형으로 이루어진 커다란 삼각형 그림을 보여주었더니 좌뇌 환자는 삼각형 모양의 전체적인 틀만 그려냈고, 우뇌 환자는 큰 삼각형을 이루는 작은 사각형들만 그려내는 등 세부적인 묘사에만 치중했다.

하고 자신의 연주를 다시 귀로 듣는 등의 전반적인 과정에 우뇌만 개입될 리 없다.

그러면 아주 간단한 도형을 그리는 과제에서 좌뇌가 손상된 환자의 그림과 우뇌가 손상된 환자의 그림을 살펴보자. 작은 사각형들로 이루어진 커다란 삼각형 그림을 보고 좌뇌 환자는 세부 묘사를 빠뜨린 채, 삼각형의 윤곽만 그려낼 수 있었다. 반대로 우뇌 환자는 전체적인 윤곽은 빠뜨리고 전체를 구성하는 세부 요소인 작은 사각형만 나열할 뿐이었다. 이런 결과는 아주 사소한 과제조차도 양쪽 뇌가 조화를 이룸으로써 수행된다는 사실을 보여준다. 그러므로 좌뇌만으로 언어 처리나 수학 처리가 가능하고, 우뇌만으로 음악 활동이나 정서처리가 가능하다고 이분법적으로 생각하는 것은 잘못된 상식이다.

창의성은 우뇌만의 전유물이 아니다

많은 책들과 TV 프로그램들은 창의성이 마치 우뇌의 전유물인 것처럼 이야기하곤 한다. 그러나 이는 사실과 다르다. 창의적인 활동이나 작품에는 좌뇌와 우뇌의 기능이 어우러진 흔적이 오롯이 녹아 있다. 가끔 대학원생 제자들이 어떻게 해야 좋은 논문을 쓸 수 있을지에 대해 묻곤 한다. 그때마다 필자는 우뇌와 좌뇌의 기능이 멋지게 조화된 논문이 좋은 논문이라고 대답해준다. 가령, 참신한 아이디어가 있더라도 논리적으로 정리되지 않았다면, 좋은 글이 될 수 없다. 반대의 경우도 마찬가지다. 논리적으로 정리된 글이라 하더라도 참신한 아이디어가 없다면 좋은 논문이 되기엔 한계가 있기 마련이다.

최근엔 이처럼 어떤 분야에서든 최고의 작품은 좌뇌와 우뇌의 적극적인 상호작용의 결과이므로, 좌뇌와 우뇌를 개발해서 전뇌全腦학습을 시켜준다는 프로그램이 등장하고 있다. 이들의 논리는 검사를 통해 어떤 유형의 뇌인지를 파악하고, 취약한 부분을 훈련하여 전뇌학습을 하는 유아로 만들어주겠다는 것이다. 얼핏 듣기에 상당히 귀가 솔깃해지는 아이디어다. 그러나 여기에서 부모들이 꼭 주목할 사항은 이들 프로그램이 제시하는 근거가 대부분 장애아를 대상으로 한 연구결과라는 점이다. 일반아의 경우에는 대부분 양쪽 뇌를 모두 사용하는 능력에 있어 별 문제가 없다. 오히려 매뉴얼화된 단순 훈련방식보다는 아이가 즐길 수 있는 일상적인 대단위 행동들을 활용할 때 오히려 전뇌가 개발될 것이라 생각한다.

그런데 왜 많은 사람들이 창의성을 우뇌의 전유물인 것처럼 말하는

천재적인 재능을 가졌지만 자폐증을 앓고 있는 주인공이 등장하는 영화 〈레인맨〉의 포스터(왼쪽)와 서번트 연구의 대가로 인정받는 미국 위스콘신 대학교의 트레페르트 박사. 트레페르트 박사는 서번트의 경우 출생 전후의 좌뇌 손상을 우뇌가 보상하여 창의적이고 천재적인 기능을 발휘하는 것이라고 설명한다.

것일까? 여기에는 두 가지 이유가 있을 것으로 추측한다. 하나는 좌뇌 중심 교육이 주를 이루는 현실에서 창의성 개발을 위해 양쪽 뇌의 조화가 필요하다보니 우뇌의 중요성을 강조하게 되었을 것이고, 이것이 와전되어 해석되면서 창의성이 마치 우뇌의 전유물인 것처럼 알려졌을 것이다.

또 다른 이유는 서번트Savant의 뇌 연구를 확대해석한 결과로 추측한다. 서번트란 아이큐가 심하게 낮거나 정신지체, 자폐증 같은 정신장애를 갖고 있으면서도 음악이나 미술, 계산 같은 특정 분야에서는 극도의 천재성을 보이는 사람들을 일컫는다. 정신의학계에서는 이들을 '이디어트 서번트Idiot Savant, 백치천재'라 부르며, 그들의 증상을 '서번트 신드롬Savant Syndrome'이라고 한다. 40여 년간 서번트를 연구해온 미국 위스콘신 대학교의 트레페르트Treffert(그는 영화 〈레인맨〉의 자문위원이기도 했다) 박사는 서번트의 경우, 출생 전후의 좌뇌 손상을 우뇌가 보상하여 창의적이고 천재적인 기능을 발휘하는 것이라고 설

우리 인간의 활동은 대부분 어느 한쪽 뇌만 개입하는 것이 아니라 양쪽 뇌가 모두 개입한다는 사실을 기억해야 한다. 좌뇌와 우뇌가 특화된 능력이 있는 것은 사실이나 예술가는 우뇌만, 수학자는 좌뇌만 발달했다고 보는 것은 근거 없는 흑백논리이다.

명한다.

그러므로 보통 사람을 설명할 때, 서번트에 대한 이해가 도움은 되겠지만, 그 연구결과를 그대로 적용해 보통 사람을 설명하려 하는 것은 한계가 있다는 점을 명심하자.

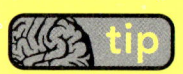

좌뇌와 우뇌를 고루 활용한 아인슈타인

아인슈타인하면 우리는 곧바로 위대한 과학자, 합리적 사고자, 위대한 수학자, 좌뇌형 사고자라는 생각이 떠오를 것이다. 그러나 아인슈타인이 상대성이론을 정립한 것은 합리적 분석의 결과만은 아니다. 아인슈타인의 회상에 따르면 애당초 상대성이론의 아이디어는 이미지로 다가왔고, 나중에서야 갑작스럽게 다가온 그 이미지를 단어와 수학기호로 표현했던 것이다.

어느 여름날 오후 아인슈타인은 언덕에 누워 눈을 반쯤 감고 눈꺼풀 사이로 태양을 바라보고 있었다. 그때 문득 '빛을 내려보내는 것은 무엇일까?'라는 의문이 생겼다. 잠시 후 아인슈타인은 자신이 광선을 타고 내려오는 모습을 상상했고, 문득 질문에 대한 답이 섬광처럼 떠올랐다. 상대성이론의 기본 틀이 탄생하는 순간이었다.

하지만 이런 통찰이 있다 해도 논리정연하게 표현하지 못했다면 아인슈타인의 상상력은 인정받지 못했을 것이다. 그러나 다행히도 아인슈타인은 합리적 사고자였고, 그는 섬광같은 통찰을 누구나 설득시킬 수 있는 수학공식으로 옮겨 다른 사람들이 이해할 수 있게 전달했다. 결국 상대성이론은 직관적 통찰과 논리적 사고가 어우러진 결과인 셈이다. 이처럼 양쪽 뇌를 고루 활용하는 것은 어느 분야를 막론하고 창의적 활동의 공통적인 특징이다.

21세기를 대표하는 천재 과학자 아인슈타인은 좌뇌와 우뇌의 활동이 조화를 이루어 창조적 상상력으로 발현된 전형적인 사례이다. 사진의 왼쪽은 물리학을 강의하는 아인슈타인의 모습이고, 오른쪽은 바이올린을 연주하는 아인슈타인의 모습이다. 바이올린 연주는 아인슈타인의 커다란 취미였는데, 아마추어 연주자였음에도 그 실력이 상당했다고 한다. 아마도 바이올린 연주와 같은 예술적 활동이 그의 직관적인 통찰력에 큰 영향을 주었을 것이다.

좌뇌와 우뇌를 연결해주는 뇌 속의 작은 다리 3

그렇다면 우리의 뇌가 좌뇌와 우뇌로 나뉘어 있다는 사실을 알게 된 것은 언제부터일까? 1940년 반 베그넨Van Wagenen과 에렌Herren은 간질발작이 심한 환자를 치료하기 위해 뇌량이라는 기관을 절제하기로 했다. 뇌량을 절제할 경우 한쪽 뇌에서 발작이 일어나더라도, 다른 쪽 뇌로 발작이 전달되는 걸 막을 수 있을 것이라고 생각했기 때문이었다. 다행히도 수술 후 간질치료는 효과적인 듯했고 별 부작용도 없어 보였다. 그로 인해 그 당시에는 좌뇌와 우뇌를 연결하는 뇌량이 양쪽 뇌를 지지하는 역할 외에는 별 소용이 없을 것이라 여겨졌다.

뇌량의 역할이 밝혀진 것은 1981년 노벨 생리의학상을 수상한 미국의 로저 스페리Roger Sperry 박사의 연구를 통해서이다. 흔히 스페리 박사의 연구는 좌뇌와 우뇌의 기능을 밝힌 연구로 알려져 있지만, 이 연구를 거꾸로 해석하면 '뇌량의 기능'을 밝힌 연구로도 볼 수 있다.

뇌량이 있는 보통 사람들은 좌뇌와 우뇌의 기능을 엄밀히 구분하기 어렵지만, 뇌량을 절제한 환자들의 경우에는 두 반구의 연결고리가 사라졌기 때문에 좌뇌와 우뇌의 기능을 명료하게 구분하여 관찰할 수 있다. 실험의 목적이야 어떻든 스페리 박사의 실험을 통해 우리는 좌뇌와 우뇌가 각기 전문화된 기능을 수행한 후, 뇌량을 통해 처리결과를 서로 나눈다는 사실을 알았다. 즉, 뇌가 분업과 협업에 아주 탁월한 기관이라는 것이 밝혀졌다.

진화과정을 통해 계속해서 두꺼워진 인간의 뇌량은 약 2억 5000만 개의 신경섬유가 있어 초당 40억 개의 메시지를 전달한다. 아래의 그림을 보면, 좌뇌와 우뇌의 정보교류를 담당하는 뇌량의 위치를 알 수 있다. 이렇게 우리는 뇌량에 의해 두 개의 뇌를 가지고 있으면서도 하나의 뇌를 가지고 있는 것처럼 기능한다. 다시 말해, 뇌량은 양쪽 뇌에서 처리된 정보를 통합하는 중요한 역할을 수행한다.

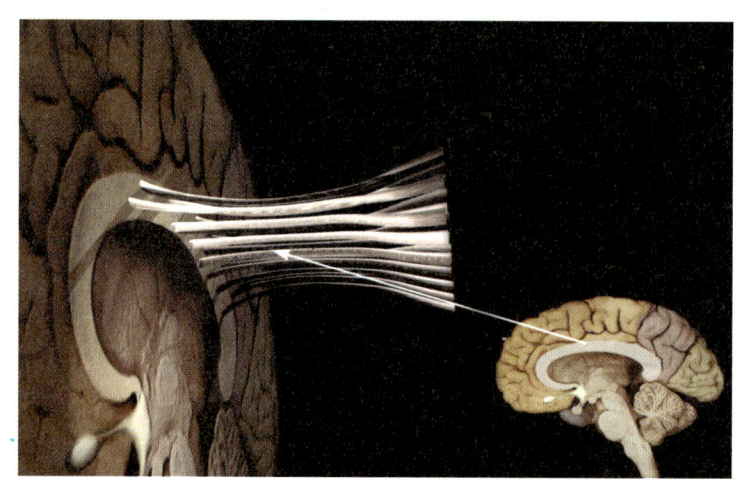

뇌량은 두 개로 나뉘어 있는 좌뇌와 우뇌를 하나로 연결해주는 다리 역할을 한다. 즉, 양쪽 뇌에서 처리된 정보를 통합하고 교류하게 만드는 중요한 역할을 한다. 보통 여성의 뇌량이 남성보다 10퍼센트 정도 더 두껍다고 한다. 그렇기 때문에 뇌 손상으로 인해 좌뇌의 언어 중추가 손상되었다고 해도 여성이 남성보다 실어증을 비롯해 언어 능력이 손상될 확률이 낮다.

그러나 문제는 최근 좌뇌와 우뇌를 통합하는 뇌량의 기능이 알려지면서, 뇌량을 개발한다는 미명하에 이를 절묘히 남용하는 일이 발생하고 있다는 점이다. 어떤 프로그램에서는 오른손으로 크게 네모를 그리게 하고, 이어서 왼손으로는 세모를 그리게 한다. 그런 다음 양손으로 동시에 네모와 세모를 그리게 한다. 그리고 이를 잘 하지 못하면 '뇌가 통합되지 않아서 그렇기 때문에 뇌 개발 프로그램을 통해 뇌를 통합해야 한다'고 권유한다. 일견 그럴 듯한 말이다. 그러나 원칙적으로 이를 제일 잘 하는 사람은 누구일까? 바로 뇌량 절제 환자이다. 좌뇌와 우뇌의 통합적인 교류가 불가능한 이들은 왼손과 오른손의 작용이 각각 개별적으로 이루어질 수 있다. 중요한 것은 동시에 네모와 세모를 잘 그리는지 여부가 뇌 통합의 잣대가 될 수 없다는 점이다.

뇌량을 성별에 따라 비교해보면, 일반적으로 남성에 비해 여성의 뇌량이 더 두꺼운 편이다. 따라서 여성의 경우 뇌량이 더 두꺼워 양쪽 뇌의 정보교류가 더 활발하다. 그러다보니 여성의 뇌는 양쪽 뇌 사이의 교류가 우수한 반면, 남성의 뇌는 각 뇌 안의 교류가 우수하다. 예를 들어 속도와 정확도면에서 남녀가 동일하게 언어과제를 수행한다 할지라도, fMRI에서 남성은 좌뇌가 활성화되는 반면, 여성은 양쪽 뇌가 활성화된다. 이런 결과는 좌뇌에 발작이 일어났을 때 남성의 경우에는 언어문제로 나타나지만, 여성에게는 그런 현상이 덜 나타나는 이유를 말해주기도 한다.

뇌량의 발달은 연령에 따라 앞쪽에서 뒤쪽으로 이루어진다. 이런 뇌량의 발달적 특성은 인접해 있는 피질(뇌의 표면을 덮고 있는 얇은 층)에도 영향을 준다. 따라서 유아기에는 전두엽에, 아동기에는 측두엽

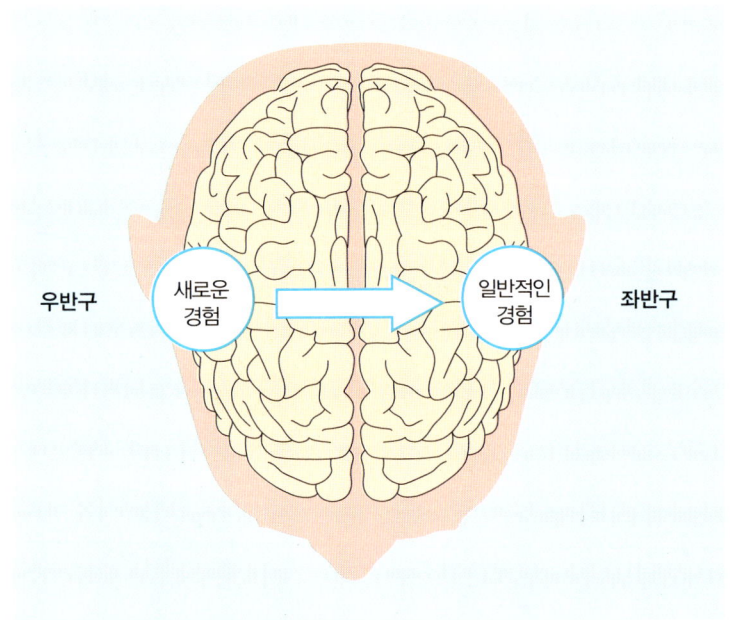

미국의 신경과학자 골드버그 박사는 신경영상 연구결과를 바탕으로 새로운 상황에 대해서는 우뇌가 개입하여 처리하고, 일상적이고 익숙한 상황에 대해서는 좌뇌가 개입하여 처리한다고 주장했다.

(뇌의 옆 부분)과 두정엽(뇌의 맨 윗부분)에, 사춘기에는 후두엽(뇌의 뒷부분)에 영향을 줄 것이다.

그러나 최근에는 신경영상 공학기술의 발달로 좌뇌와 우뇌에 대한 새로운 관점도 등장하고 있다. 미국의 골드버그Goldberg 박사의 연구에서 우뇌 손상 환자들은 새로운 학습 상황에서는 어려움을 겪었지만, 일상적이고 숙련된 과제에 대해서는 정상적이었다. 그러나 반대로 좌뇌 손상 환자들은 새로운 그림 그리기와 추상적인 사고에는 문제가 없었지만, 일상적인 조작에는 난색을 표현했다.

이런 연구결과를 바탕으로 골드버그 박사는 대처전략이 없는 새로운 상황에서는 주로 우뇌가 개입하여 상황을 처리한다고 생각했다. 반면에 유사한 상황에 반복적으로 접하다보면 반응이 일상적이게 되고, 뇌의 반응 역시 뇌량을 지나 좌뇌로 이동한다는 것이다. 즉, 어떤 정보든 우뇌는 새로운 것에, 좌뇌는 일상적인 것에 관련된다는 것이다. 그렇다고 해서 이 관점이 뇌의 특정 부위에서 특정 기능을 담당한다는 관점을 완전히 무시하는 건 아니다. 단지 최근의 연구결과를 통해 특정 영역들 간의 경계가 고정된 게 아니라 유동적임을 제시하는 것뿐이다.

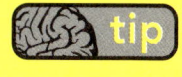

탄트라 경전에 나타난 뇌 철학

역사적으로 좌뇌와 우뇌에 대한 가장 상세한 설명은 인도 북부의 탄트라 경전으로 거슬러 올라간다. 탄트라 경전은 아주 오래 전에 쓰여졌지만 좌뇌와 우뇌에 대한 오늘날의 연구결과를 상당히 예견하고 있다는 점에서 매력적이다. 탄트라 경전에서는 왼쪽 콧구멍을 달(여성적 특성)과 관련짓고, 오른쪽 콧구멍을 태양(남성적 특성)과 관련짓는다. 경전에 따르면, 인간이 두 개의 콧구멍으로 동시에 숨 쉬는 일은 드물며 왼쪽으로 숨을 쉰 후 오른쪽으로 숨을 쉬는데, 건강한 사람의 경우 이런 교대가 20분마다 한번 꼴로 이루어진다. 오른쪽 콧구멍이 우세할 때 즉, 태양의 숨이 우세할 때에는 전쟁, 신체적 활동, 언어활동 및 교육활동을 하라고 조언한다. 이들 활동은 주로 좌뇌와 관련되며 '적극적인' 방식이다. 반면에 달의 숨이 우세할 때는 그림, 작문, 음악 감상 및 예술적 활동을 하라고 조언한다. 다시 말해, 이런 활동은 주로 우뇌와 관련된다. 탄트라교도들은 인간이 각성하면 양쪽 콧구멍으로 동시에 숨을 쉰다고 주장한다. 이 주장에는 각성한 사람의 경우 한쪽 콧구멍만 사용하려고 다른 쪽 콧구멍을 억제하는 게 아니라, 양쪽을 균형 있게 사용한다는 사실이 반영되어 있다. 양쪽 뇌의 특성을 종합한다는 것은 곧 뇌량을 통해 양쪽 뇌의 교류가 증가되는 것을 의미한다. 오늘날의 신경과학 연구와 탄트라 경전 사이에 다소 차이점이 발견되긴 하지만 오래전부터 좌·우뇌의 조화에 관심을 가져왔다는 점에서 일견할 가치가 있는 것으로 보인다.

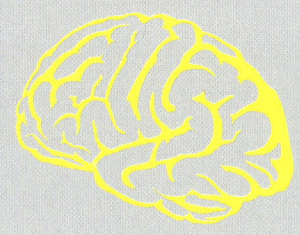

2부 · 뇌의 구조와 기능

뇌는 하늘보다 넓어라
옆으로 펼치면 그 안에
하늘이 쉬 들어오고
그 옆에 당신마저 안긴다

에밀리 디킨스 Emily Dickinson 미국의 시인
〈뇌는 하늘보다 넓다〉 중

아이의 뇌를 구성하는 기본요소들

17세기 중반 현미경의 성능이 좋아지면서 눈으로도 세포를 관찰할 수 있게 됐다. 그러나 뇌세포는 현미경으로도 정복되지 않는 세계였다. 간혹 특이한 모양의 세포들이 보이기도 했지만, 어지럽게 얽혀 있어서 뭐가 뭔지 알아볼 수 없었다. 인류가 눈으로 뇌세포를 보게 된 것은 한 해부학자의 실수 덕분이다. 1870년 어느 날, 골지Golgi라는 이탈리아의 해부학자는 뇌세포와 다른 세포들 사이의 차이를 알아내기 위해 올빼미와 고양이의 뇌를 연구하고 있었다. 그는 실험 도중 실수로 그만 올빼미의 뇌를 질산은 용액에 빠뜨리고 말았다. 그런데 질산은 용액에서 꺼낸 올빼미의 뇌를 현미경으로 관찰하자 새로운 광경이 펼쳐졌다. 거미줄 같은 세포들이 겨울 숲 속의 벌거벗은 나무들처럼 얼기설기 엉켜 있었다. 인류가 뇌라는 방대한 세계를 물질적으로 확인하는 순간이었다. 골지의 발견 이후 100여 년이 지난 오늘날에는 다양한 장비의 발달 덕분에, 우리의 머릿속에 약 1조 개의 뇌세포(교세포 포함)가 존재한다는 사실도 밝혀졌다. 그렇다면 과연 인간 정신작용의 기본인 뇌세포는 구체적으로 어떤 요소들로 구성되어 있는 것일까.

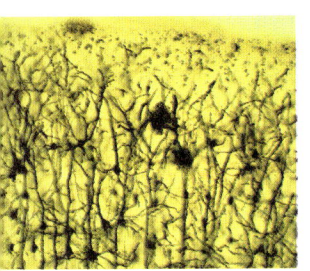

이탈리아의 해부학자 골지가 발견한 뇌세포의 모습. 겨울 숲속에서 볼 수 있는 얼기설기 엉킨 나무들의 모습을 연상시킨다.

뉴런, 인간 신경망의 핵심

뇌세포를 구성하는 가장 핵심적인 신경세포의 이름은 뉴런neuron이다. 뇌의 모든 활동은 뉴런과 시냅스synapse를 지나는 신호에 의해 이루어진다. 우리 뇌 속의 신호는 뉴런 안에서는 전기적으로, 뉴런과 뉴런 사이(시냅스 사이)에서는 화학적으로 전달된다. 뉴런의 크기는 조금씩 다르지만, 보통 시침핀 머리 크기의 약 3만분의 1 정도로 아주 작다. 뉴런은 크게 세포체와 축색돌기, 수상돌기 세 부분으로 구성된다.

세포체

뉴런의 세포체는 다른 세포의 세포체와 아주 비슷하다. 얇은 막이 세포체를 감싸고 있는데, 그 안에는 핵이 있고 핵에는 염색체와 그 세포가 수행해야 할 역할에 대한 정보가 들어 있다. 뉴런의 세포체에는 신경 미토콘드리아가 있어서 세포가 사용할 에너지를 생성한다. 뉴런은 다른 세포들과는 달리 새로운 뉴런으로 대체되지 않고, 우리가 태어날 때 가진 뉴런으로 평생 살아간다. 나이가 들어가면서 뉴런들이 제거되지만 새로운 뉴런으로 대체되지는 않는다. 결과적으로 뉴런의 수는 점차 줄어든다.

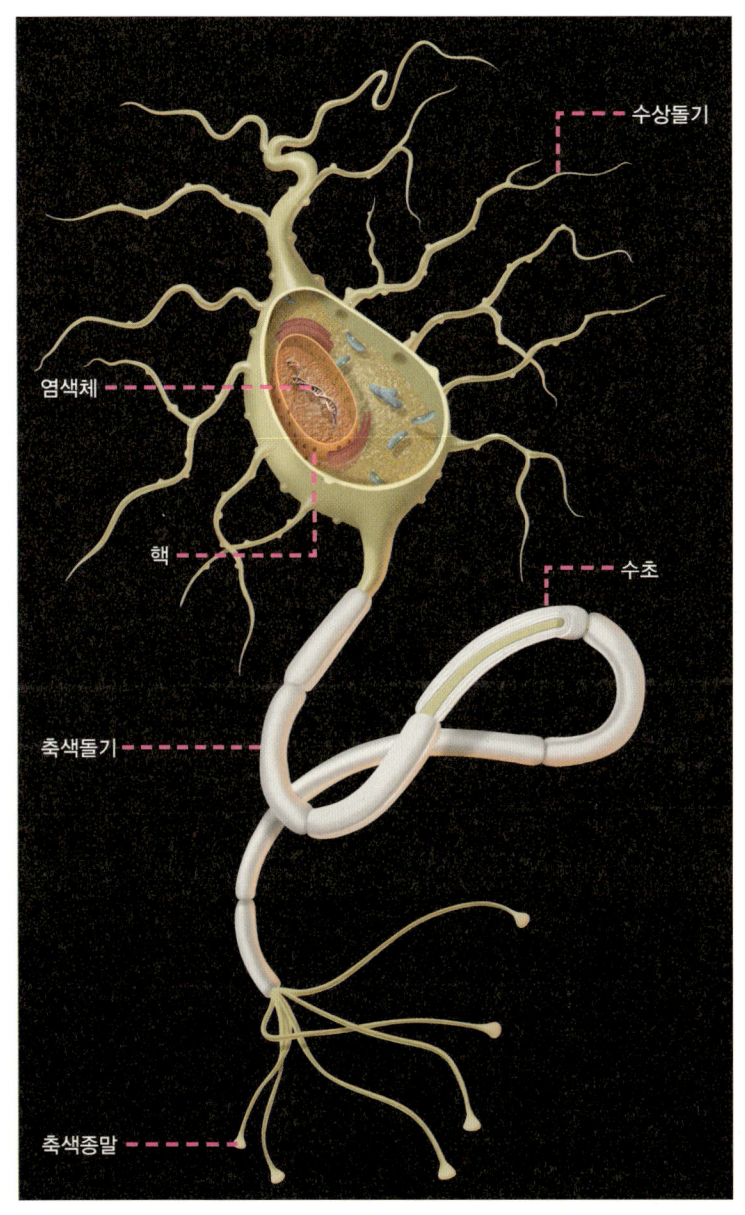

뉴런의 구조. 뉴런은 우리의 뇌를 구성하는 가장 기본적인 단위이다.

축색돌기

세포체에서 뻗어 나온 전화선 같은 줄기를 축색돌기라고 부른다. 머리카락 한 올 두께의 100분의 1 정도에 해당하는 두께를 가진 축색돌기는 전화선이 하는 역할과 같이 메시지를 전달해주는 통로 역할을 한다. 보통 축색돌기는 뉴런 하나에 하나씩 존재한다. 어떤 축색돌기는 몇 밀리미터에 불과하여 근처에 있는 뉴런에 영향을 준다. 그런가 하면 다른 축색돌기는 다른 쪽 반구까지 뻗어 있어서 상당히 멀리 있는 뉴런에도 영향을 준다.

전화선에 코팅을 하는 것처럼 축색돌기에도 얇은 코팅막이 있어 손상에 대비한다. 지방질로 구성된 이 코팅막을 수초라고 한다. 수초는 전기신호의 전달 속도를 빠르게 하고, 인접한 신호가 간섭하는 것을 막는다. 뇌의 백질이 하얗게 보이는 건 바로 수초의 지방질 때문이다. 수초가 싸고 있는 축색돌기 끝은 축색종말이라 부르며, 축색종말에는 신경전달물질이 저장되어 있다. 축색종말은 뉴런 사이의 공간인 시냅스를 향해 돌출되어 있다.

뉴런의 수초가 파괴되는 희귀한 병을 소재로 하고 있는 영화 〈로렌조 오일〉을 보면, 주인공인 로렌조가 불치병이라는 진단을 받자 그의 부모는 끝없는 연구 끝에 수초의 구성요소인 지방질과 유사한 특수 지방산을 개발해낸다. 그 결과 로렌조의 병이 진행되는 걸 막을 수 있었다. 가끔 '우리 아이는 왜 이럴까'라는 생각이 들 때, '나는 과연 로렌조의 부모만큼 최선을 다했나' 하고 생각해봄직하다.

〈로렌조 오일〉은 대뇌백질위축증이라는 불치병에 걸린 아들을 위한 부모의 눈물겨운 투쟁을 그린 감동스러운 영화이다. 여기서 아들이 앓고 있는 병은 뉴런의 수초가 파괴되는 병이다.

수상돌기

시냅스의 다른 쪽에는 다른 뉴런의 수상돌기가 있다. 이 수상돌기는 모든 뉴런의 맨 앞부분에 해당된다. 수상돌기는 여러 방향으로 향해 있으며, 각 뉴런에는 수상돌기가 수백~수만 개씩 존재한다. 수상돌기는 다른 뉴런에 있는 축색돌기로부터 정보를 받아 세포체에게 전달한다. 이때 뉴런에서는 세포체에 도착한 모든 정보를 종합하여 활동전위(생물체의 세포가 활동할 때 일어나는 전압의 변화)를 일으킬지 여부를 판단한다. 전압의 변화가 충분히 클 경우에는 전기자극이 축색돌기로 이동하여 뉴런이 활동한다.

시냅스, 정보를 전달하는 중요한 틈새

하나의 뉴런은 수천 개의 다른 뉴런들과 연결망을 이루고 있다. 뉴런들은 서로 딱 붙어 있지 않으며, 1인치의 100만 분의 1에 해당하는 작은 틈새gap가 있다. 이 벌어진 틈이 시냅스이다. 뇌의 작용이 유연한 이유는 뉴런이 물리적으로 연결되어 있지 않아, 순간순간 뉴런 사이의 연결이 형성되고 제거되며 재구성될 수 있기 때문이다. 이런 유연성이 앞에서 말한 뇌의 가소성이며, 평생학습이 가능하

뉴런에서의 정보전달 과정

감각정보 → 전기신호로 변화 → 수상돌기 → 세포체
↓
정보전달 ← 신경전달 물질분비 ← 시냅스 자극 ← 축색돌기
(전기 → 화학)

뉴런에서의 정보전달 과정. 뉴런에서의 정보전달 과정은 전기신호가 화학신호로, 화학신호가 전기신호로 변화하는 과정의 연속이다.

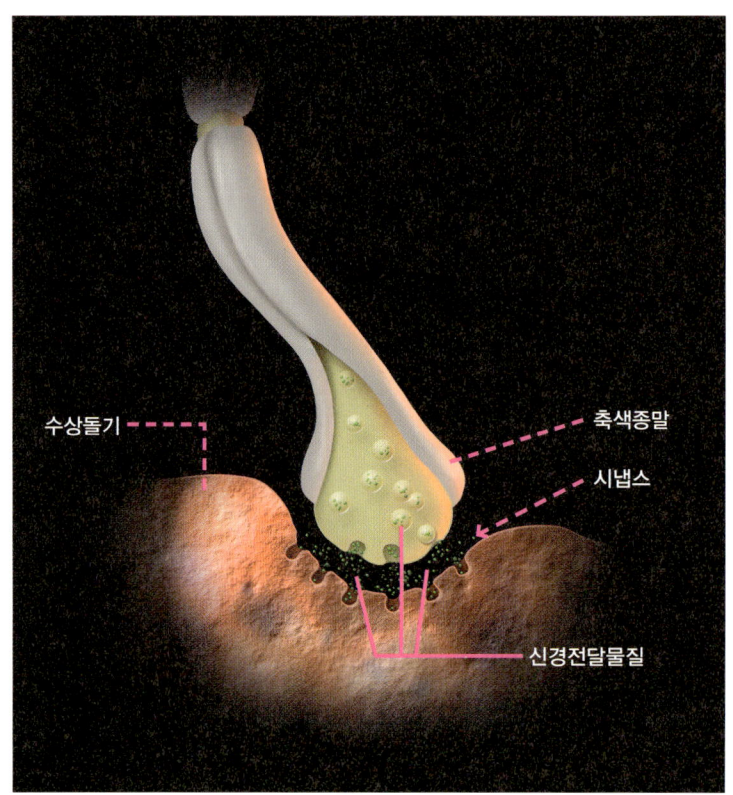

시냅스는 한 뉴런의 축색돌기 말단과 다음 뉴런의 수상돌기 사이의 인접 부위이다. 뉴런들은 딱 붙어 있지 않고, 1인치의 100만분의 1 정도에 해당하는 작은 틈새를 가지고 있다.

다는 주장의 근거가 된다.

교세포, 뉴런을 도와주는 충실한 도우미

뇌에서 뉴런이 가장 중요한 역할을 하는 건 사실이지만, 뉴런에게는 도우미가 꼭 필요하다. 뉴런들끼리 서로 딱 붙어 있는 게 아니다보니 제자리를 유지하는 것마저도 힘들기 때문이다. 뉴런이 자리를 잡을 수 있도록 도와주는 세포가 바로 교세포이다. 뉴런과 달리 교세포는 축색돌기나 수상돌기가 없으며 둥근 모양을 가지고 있다. 교세포는 뉴런 사이를 채우며, 뉴런의 세포체, 축색돌기, 수상돌기를 감싸고 있다. 교세포로 덮여 있지 않은 부분은 시냅스뿐이다. 교세포를 의미하는 단어 'glial'은 그리스어로 '접착제'라는 의미를 가지고 있다. 단어의 뜻처럼 교세포는 뇌 전체를 결합시킨다.

교세포는 뉴런이 하는 거의 모든 일에 관여하는 것 같다. 뉴런의 영양 공급, 혈뇌장벽 형성, 면역체계 조정, 죽은 뉴런 제거 등 뉴런이 제 기능을 하는 데 절대적으로 필요한 도우미 역할을 톡톡히 해낸다. 또한 시냅스에서 재흡수되지 않은 여분의 신경전달물질을 깔끔히 치워서, 재흡수되지 못한 신경전달물질이 뇌에 떠다니는 일이 없도록 우리 뇌 속의 청소부 역할을 한다.

아이가 태내에 있을 때 교세포는 뉴런의 발달과 이동에 관여하며 축색돌기와 수상돌기의 성장을 촉진한다. 아래의 사진은 뉴런이 뇌의 가장 아래 부위에서 발달하여 교세포를 따라 올라가는 모습이다. 다

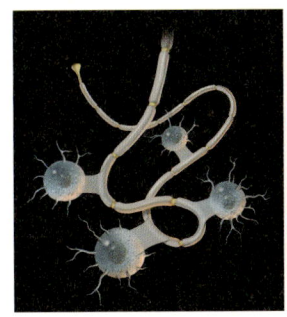
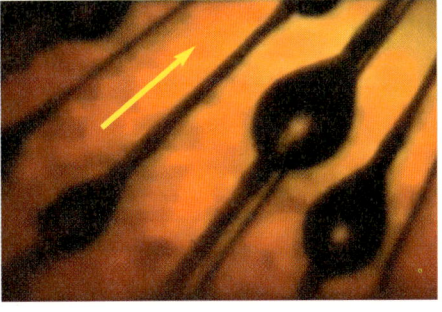

교세포의 모습. 교세포는 뉴런이 자리를 잡을 수 있도록 도와주는 역할을 한다(왼쪽). 특히 태아기 때에 교세포는 뉴런의 발달과 이동에 관여하며, 축색돌기와 수상돌기의 성장을 촉진한다. 뉴런은 뇌 바깥 부분에서 바로 생기는 것이 아니라 뇌 아래 부분에서 생성된 뒤 교세포라는 사다리를 타고 위로 이동한다. 오른쪽은 교세포를 따라 올라가는 뉴런의 모습.

시 말해 피질의 뉴런이라 할지라도 피질에서 생성되는 것이 아니라 생성은 뇌의 아래 부위에서 이루어진 뒤, 교세포라는 사다리를 타고 피질로 올라가 제 위치를 잡는 것이다. 교세포는 뉴런이 자리를 이동하는 과정에서 뉴런을 안내하며 영양분을 공급해주는 등 뉴런의 보호자 역할을 하기 때문에 뇌의 성장에 매우 중요하다.

뉴런이 최종 목적지에 도착한 이후에, 교세포는 뇌에 그대로 남아 다른 기능을 수행한다. 교세포는 축색돌기를 감싸는 수초를 형성한다. 뉴런과 달리, 교세포는 분열과 재생이 가능하다. 다시 생성될 수 있는 교세포의 능력은 교세포의 수를 유지할 뿐만 아니라, 분열할 때 축색돌기를 밀고 나가 다른 세포와 결합될 기회도 만들어주기 때문에 뇌의 성장과 발달에 굉장히 중요하다.

또한 교세포는 전기적으로 민감하여 주변의 전기장에 반응하는 일종의 액정처럼 작용한다. 즉, 교세포는 반도체의 성격을 띠고 있다고 말할 수 있다. 교세포는 신경계의 미세한 신호까지도 탐지할 수 있으며, 전자 회로에서 트랜지스터가 약한 신호를 확대하는 것처럼 그 신호를 몇 천 배 이상 확대할 수 있다. 이 말은 곧 우리의 머릿속에 1조 개의 트랜지스터가 들어 있다는 말이 아닐까?

뇌는 분업도 잘 하고 협업도 잘 한다 2

육안으로 보이는 뇌의 가장 큰 특징은 깊게 패인 주름들이다. 뇌에 많은 주름이 잡혀 있는 이유는 한정된 두개골 안에 넓은 표면적을 가진 뇌를 보관해야 하기 때문이다. 뇌의 주름은 약 여섯 겹으로 구성되어 있고 그 두께는 2~3밀리미터 정도이다. 주름 진 피질을 평평하게 펼치면, 신문지 한 페이지 정도의 크기이며, 피질의 신경세포들을 연결하면 길이가 100만 마일 이상에 이른다.

피질은 뇌 표면뿐만 아니라 양쪽 뇌 사이의 공간도 덮고 있어서, 좌뇌와 우뇌가 완전히 피질에 싸여 있다고 보면 된다. 살아 있는 사람의 피질은 맑은 선홍색을 띠는데, 우리는 흔히 '회백질'이라고 부른다. 죽어서 혈액이 모두 없어지면 뇌의 색깔이 회색으로 보이기 때문이다.

대뇌피질에 있는 작은 주름들의 숫자는 사람마다 다르지만, 몇 개의 커다란 주름은 모든 사람의 뇌에서 공통적으로 나타난다. 다음의

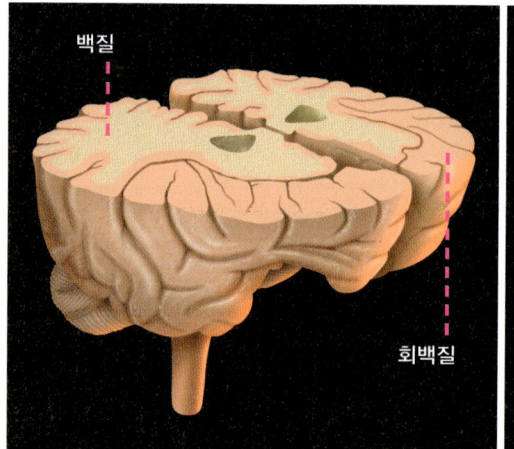
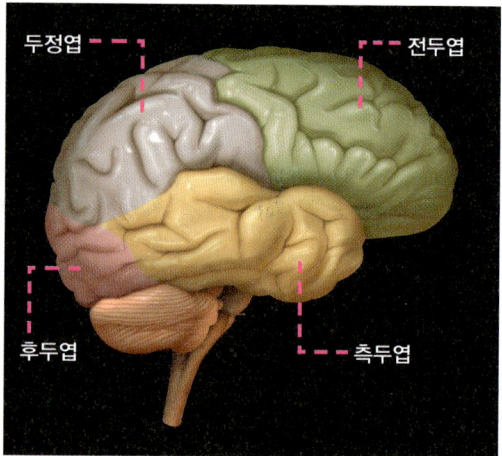

뇌의 내부는 수초가 많아 백색을 띤 백질이고 외부는 회백질이다.(왼쪽). 우리의 뇌는 크게 네 부위로 나누어진다. 각각 그 위치에 따라 전두엽, 측두엽, 두정엽, 후두엽으로 나뉜다 (오른쪽).

오른쪽 그림에서 보는 바와 같이 이런 큰 주름을 중심으로 뇌를 4개의 부분(엽, lobe)으로 나눈다. 이들은 그 위치에 따라 전두엽, 측두엽, 두정엽, 후두엽이라고 부른다. 4엽의 기능은 각기 다르지만, 서로 중복되는 경우도 있다. 4엽의 주름이 성장하는 기간이 서로 다르기 때문에 각 엽이 발달하는 시기에 적절한 학습경험을 제공해야만, 각 엽이 담당하는 기능들이 적절히 자극을 받아 발달할 수 있다.

전두엽

전두엽은 대뇌피질에서 가장 넓은 부분을 차지하며 가장 복잡한 기능을 수행한다. 우리 뇌의 사령탑이라고도 할 수 있다. 뇌의 맨 앞에서 정수리에 이르는 전두엽은 인류의 진화와 더불어 오랜 세월에 걸

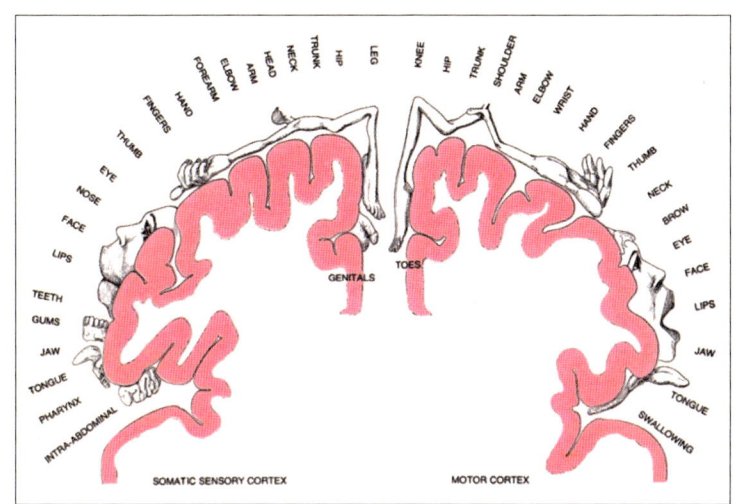

캐나다의 신경외과 의사인 펜필드는 뇌 안에서 우리 몸이 차지하는 부위를 나타내는 뇌 지도를 그렸다.

쳐 그 기능과 크기가 확대되어 왔다.

전두엽은 동작의 조절과 인지 및 사고 작용을 담당한다. 전두엽 맨 뒷부분에 머리띠 같은 동작피질(61쪽 참조)은 우리 몸에 있는 다양한 근육의 움직임을 조절한다. 이 동작피질은 우리 몸의 근육들을 각기 다른 비율로 조절한다. 펜필드Penfield라는 뇌과학자는 뇌 안에서 몸이 차지하는 부위에 따라 그림과 같은 뇌 지도를 그렸다. 뇌 지도상에서 서로 가깝게 붙어 있는 부위들은 서로 영향을 미친다. 얼굴과 손이 그 예이다. 사고로 팔을 절단한 환자들의 얼굴을 만지면 자기 손가락이 느껴진다고 말한다. 절단된 손 대신 얼굴이 손의 감각을 느끼기 때문이다. 이미 절단한 사지가 존재한다고 느끼는 이런 현상을 '환상지'라고 한다.

어떤 근육은 훨씬 더 미세한 소근육 움직임을 담당한다. 이런 근육

환상지는 팔다리 등 인체의 일부가 잘린 상태에서도 그 부위가 마치 살아 있는 것처럼 느껴지는 상태이다. 이는 대뇌 부위에 상실된 팔다리에 대한 기능이 얼마간은 남아 있기 때문이다.

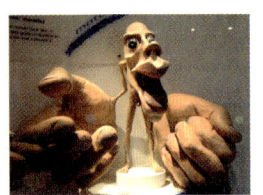

호문쿨루스. 뇌에서 차지하는 우리 몸의 비율에 따라 인체를 재구성한 것이다. 말하는 입과 두 손이 유난히 큰 것이 눈에 띈다.

을 조절하는 동작피질 부위는 아주 넓다. 가령, 손가락, 입술, 혀를 조절하는 부위들은 등이나 허벅지를 조절하는 영역보다 훨씬 더 넓은데, 그 까닭은 등과 같은 부위는 정확한 동작을 수행할 필요가 없기 때문이다. 그림은 뇌에서 차지하는 비율에 따라 우리 몸을 그린 호문쿨루스Homunculus라는 그림이다. 동작피질 앞부분은 보조 동작피질이다. 보조 동작피질에는 브로카Broca영역이라 불리는 곳이 있다. 우리의 언어 구사 능력을 담당하는 곳이다. 브로카 영역은 측두엽과 밀접한 관계가 있다. 이에 대해서는 다음 장에서 자세하게 언급하도록 하겠다.

전두엽에서 가장 넓은 부위는 맨 앞에 있는 전전두엽이다. 이 부위는 인간을 다른 동물들과 명확하게 구분해준다. 전전두엽에서는 신체 안팎의 감각계에서 오는 정보들을 종합한다. 사고, 계획 수립, 주의집중, 반성과 자기성찰, 작업기억, 의사결정, 문제해결, 정서조절 등과 같은 고차원적인 여러 가지 정신활동이 여기에서 이루어진다. 무엇보다 중요한 것은 전전두엽 덕분에 인간이 자신의 사고와 행동을 모두 의식하고 통제할 수 있다는 것이다.

그렇기 때문에 4엽의 발달 과정 중 우리가 특별히 주목해야 할 것은 뇌의 앞부분에 위치한 전두엽 발달이다. 보통 20세를 전후로 전두엽의 회백질에 과잉생성된 시냅스들이 제거된다. 신경 연결망인 시냅스는 그 양이 많다고 무조건 좋은 것은 아니다. 과잉생성된 수많은 시냅스들 중 중요한 연결부위는 강화되고, 그렇지 않은 연결부위는 제거되어야 우리 뇌가 보다 효율적으로 기능할 수 있다. 전두엽은 뇌의 기초공사가 이루어지는 0~3세부터 유아기를 거쳐 사춘기에 이르기까지 양적 성장이 활발히 이루어진다. 그리고 비로소 20세 무렵 안정기에 접어든다. 그렇다면 전두엽 중 가장 중요한 활동을 하는 전전두엽의 기능 중 양육 및 교육과 관련된 사항들을 살펴보자.

전두엽은 주의집중과 기억의 중추이다

전두엽은 교사나 부모의 주관심사인 주의집중 능력의 핵심이다. 최근 들어 주의산만 아동들이 증가하면서 많은 사람들은 주의산만아의 경우 집중력이 없는 게 아닌가 하고 궁금해한다. 그런데 대부분의 주의산만아들은 주의가 없다기보다 선택적 주의집중이 어려운 아이들이다. 물론 두정엽이나 망상활성화체계 같은 다른 뇌 부위도 주의산만과 관련되지만, 선택적 주의집중을 담당하는 전전두엽에 문제가 있는 경우가 많은 편이다.

요즘 아이들은 한 가지 책이나 장난감에 오래 집중하지 못하고 주변의 사소한 일에도 주의가 바로 산만해진다. 사실 이런 주의산만은 우리의 오랜 진화사와 관련된다. 원시시대에는 한 대상에 주의집중하고 있다가는 자칫 맹수에게 잡혀 먹힐 수도 있었다. 그래서 자연스럽게 원시인들은 모든 정보를 두루 탐색해야 했는데, 이런 특성이 생존에 유리하다 보니 인간의 유전자에 저장되기에 이르렀다. 이후 농경문화가 시작되고 맹수로 인해 불안에 떨 필요가 없어지면서 주의산만 유전자는 잠재된 상태로만 존재하였다. 그러던 주의산만 유전자가 생활변화와 더불어 고개를 들기 시작한 것이다. 요즘 아이들은 어려서부터 낯선 사람들에게 양육되는 경우가 많아지면서 자신을 보살필 사람과 아닌 사람을 구분해야 한다. 자연히 주변을 두루 관찰하고 살피는 경향이 커진다. 또한 어려서부터 TV나 게임에 접하면서 한 가지 정보에 집중하기보다는 동시다발적인 정보를 처리하는 상황에 많이 노출되기도 하다. 그밖에 장난감이나 교구들이 풍부해 어느 한 가지에 푹 빠질 기회가 없다.

주의력은 접하는 자극에 따라 시각주의력과 청각주의력으로 구분한다. 시각주의력은 시각자극을 알아채고 필요한 것들만 기억할 수 있도록 선별적으로 주의를 집중하는 능력을 의미한다. 시각주의력이 좋지 않으면 글자나 그림을 집중하여 보지 못해 자주 실수를 하거나, 학용품이나 물건을 자주 잃어버리거나, 길을 찾을 때 표지판을 그냥 지나친다. 청각주의력은 소리에 집중하는 능력으로, 언어(말과 글)로 주어진 지시를 잘 듣고 그 지시에 따라 알맞게 행동하는 능력을 의미한다. 청각주의력이 떨어지면 수업시간에 선생님의 말에 제대로 귀를 기울이지 못해 수업내용을 놓치거나, 수업시간에 바깥 소리에 더 귀를 기울인다. 시험공부를 할 때 옆에서 부스럭거리는 소리만 나도 주의가 분산되거나, 부모님이나 선생님의 지시사항을 제대로 듣지 못해 엉뚱한 소리를 하거나 실수를 하는 경우도 많다.

이러한 주의집중 능력은 전전두엽의 기능인 작업기억 능력과도 밀접하다. 작업기억이란 항목을 의식적으로 처리하는 동안, 항목을 기억하고 관련 활동을 수행하는 능력이다. 작업기억 연구에서는 수나 언어항목의 경우 대부분 7($\pm$2)개를 기억하는 것으로 나타났다. 다음 쪽의 숫자를 10초가량 바라보고 책을 덮은 뒤, 기억한 항목을 종이에 적어보아 자신이 몇 개의 항목을 정확히 기억했는지 확인해보기 바란다.

149162536496481

    개인에 따라 다소 차이는 있겠지만, 대부분 5~9개 정도의 수를 기억할 것이다. 전화번호나 계좌번호 등이 무차별적으로 숫자가 이어지지 않고, 일정 간격으로 쉼이 존재하는 것은 위와 같은 이유에서이다. 사실 위에 제시한 숫자들은 1에서 9까지의 제곱이다. 이처럼 어떤 정보를 기억할 때 일정한 단위로 묶어서 외우거나, 의미를 부여해 외우면 효과적이다. 아이의 작업기억 용량이 작더라도 묶음chunking이라는 방법을 활용하면 제한된 작업기억 용량을 효과적으로 활용할 수 있음을 기억하자.

    그러면 약간의 간섭자극이 있는 상태에서의 정보처리에 대해 알아보자. 아래의 그림에서 어느 쪽의 글씨가 더 읽기 수월한가? 아마 왼쪽에 쓰인 글씨를 읽는 것이 오른쪽보다 쉬웠을 것이다. 오른쪽의 경우 색깔과 일치하지 않는 글자가 일종의 간섭자극으로 작용하여 우리의 시각정보처리에 혼선을 불러일으킨다. 그런데 위와 같은 테스트를 수행함에 전혀 어려움이 없었다면 작업기억 용량이 상당히 크다고 할 수 있다. 물론 이 경우에는 선택적 주의집중 능력이 톡톡히 한몫을 했다고 볼 수 있다. 주변에서 텔레비전 소리가 들리고 친구들이 소란하

RED	GREEN	BLUE	YELLOW	PINK	RED	GREEN	BLUE	YELLOW	PINK
ORANGE	BLUE	GREEN	BLUE	WHITE	ORANGE	BLUE	GREEN	BLUE	WHITE
GREEN	YELLOW	ORANGE	BLUE	WHITE	GREEN	YELLOW	ORANGE	BLUE	WHITE
BROWN	RED	BLUE	YELLOW	GREEN	BROWN	RED	BLUE	YELLOW	GREEN
PINK	YELLOW	GREEN	BLUE	RED	PINK	YELLOW	GREEN	BLUE	RED

게 떠드는 와중에도 한쪽에서 집중해서 공부하는 아이들이 바로 그런 경우이다. 이와는 반대로 주변의 사소한 것까지 모두 간섭하고 참견하는 행동을 보이는 자녀가 있다면 부모나 교사가 아이 주변에서 산만요인을 적극 제거해주어야 한다. 다양한 자극요소들 중 선택적으로 집중해야 할 부분을 제외한 나머지를 외부에서 인위적으로 없애주어야 하는 것이다. 단순히 ADHD(주의력결핍 과잉행동장애)를 의심하기보다는 1차적으로는 부모나 교사가 각각의 아동들마다 작업기억용량이 다름을 파악하고 그에 부응하는 환경을 마련해주려는 노력을 해야 한다.

전두엽은 새로운 과제에 관심이 많다

전전두엽은 새로운 과제 수행에 관심이 많다. 일련의 연구결과에서 전전두엽은 새로운 정보를 처리할 때에는 아주 활성화되지만, 과제에 친숙해지면 그 활동이 현저히 떨어졌다. 그러다 다른 과제를 제시하면, 전전두엽이 다시 활성화되었다. 우뇌가 새로운 일의 수행과 더욱 관련된다는 연구결과를 고려할 때, 새로운 학습상황에서는 우뇌와 전전두엽이 긴밀히 협력함을 짐작할 수 있다. 위의 연구결과를 역으로 해석하면 전전두엽과 우뇌의 발달을 촉진하기 위해서는 부모나 교사들이 아이들의 호기심을 유발하는 과제와 상황을 지속적으로 마련해주어야 함을 알 수 있다.

전두엽은 정서를 조절한다

정서조절 역시 전전두엽과 관련된다. 정서와 전전두엽의 관련성은

1848년 피니어스 게이지Phineas Gage라는 철도 노동자를 통해 확인됐다. 게이지는 당시 철도 공사현장에서 사고로 인해 쇠막대가 머리를 관통하는 사고를 당했다. 온화하며 인자한 성격을 지녔던 게이지는 사고 이후 급작스럽게 성격이 난폭해졌다. 이후 게이지를 치료하던

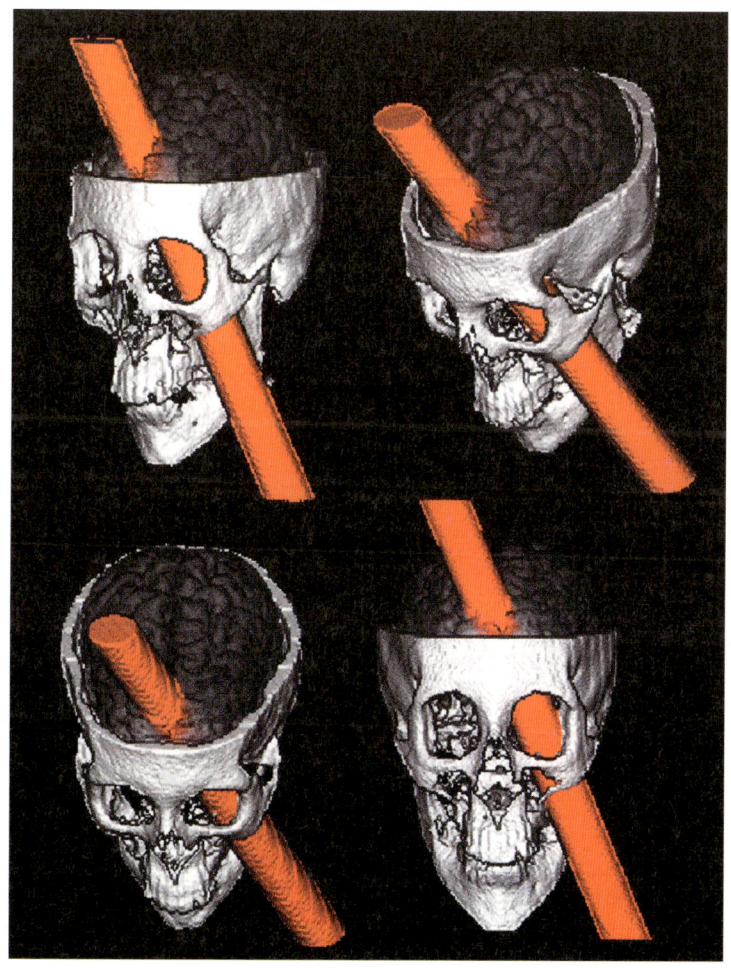

피니어스 게이지의 머리를 관통한 쇠막대의 모습을 3차원 입체영상으로 재구성한 이미지. 게이지는 사고 이후 전두엽에 외상을 입어 온화했던 성품이 난폭하게 바뀌었다. 이를 통해 전두엽이 정서를 관장하는 영역이라는 사실을 추론해낼 수 있었다.

존 할로우Harlow 박사는 그가 죽은 뒤 그의 두개골을 연구하여 구체적으로 게이지의 손상된 뇌를 관찰했다. 앞쪽의 그림은 게이지의 두개골을 컴퓨터 화면으로 재구성한 것이다. 뇌의 전전두엽 부위가 손상됐음을 알 수 있다. 이런 예를 통해 전전두엽이 정서조절의 중추임을 알 수 있다.

측두엽

1950년대 펜필드 박사는 간질 환자를 치료하기 위해 뇌에 전극을 연결한 후 자극을 가함으로써 발작의 근원을 찾으려 했다. 그러던 중 펜필드 박사가 어느 특정한 부위를 자극하자, 환자들은 자신의 어린 시절을 생생하게 기억해내기 시작했다. 방의 모습, 옆에 있던 소꿉친구의 모습, 심지어 그 당시 들었던 멜로디까지 기억해냈다. 이 부분이 훗날 청각적 능력을 관장하는 측두엽 부위로 알려졌다.

측두엽은 양쪽 귀 윗부분에 위치한다. 주로 청각 및 언어 능력과 관련된 일 등을 처리한다. 청각은 시각과 더불어 인간의 생존에 매우 중요한 감각이다. 먼 곳에서부터 들려오는 기찻소리는 우리에게 '철로에서 멀리 떨어져라'는 메시지를 준다. 청각을 통해 우리는 생존에 중요한 정보를 듣고 의사소통을 할 수 있다.

측두엽은 언어 능력을 관장한다

측두엽의 1차 청각영역은 외부에서 입력된 소리를 듣고 소리의 크기와 높낮이를 구분한다. 1차 청각영역 주변을 둘러싸고 있는 청각연합영역은 기존에 가지고 있는 지식에 비추어 청각정보의 의미를 해석한다. 청각연합영역의 뒷부분에는 베르니케Wernicke 영역이라는 곳이 있는데, 우리가 언어를 이해하고 해석할 뿐만 아니라, 문법적으로 정확하게 말할 수 있는 것은 바로 이 베르니케영역 덕분이다. 베르니케영역에서 말의 형태와 단어를 배열한 후, 그 정보가 브로카영역으로 가서 적절한 소리로 전환되어야 한다. 이후 동작피질로 이동한 정보를 통해 입의 근육을 조절하여 말을 하게 된다. 언어활동이 효과적으로 이루어지려면 전두엽의 브로카영역과 측두엽의 베르니케영역이 밀접하게 작용해야 한다.

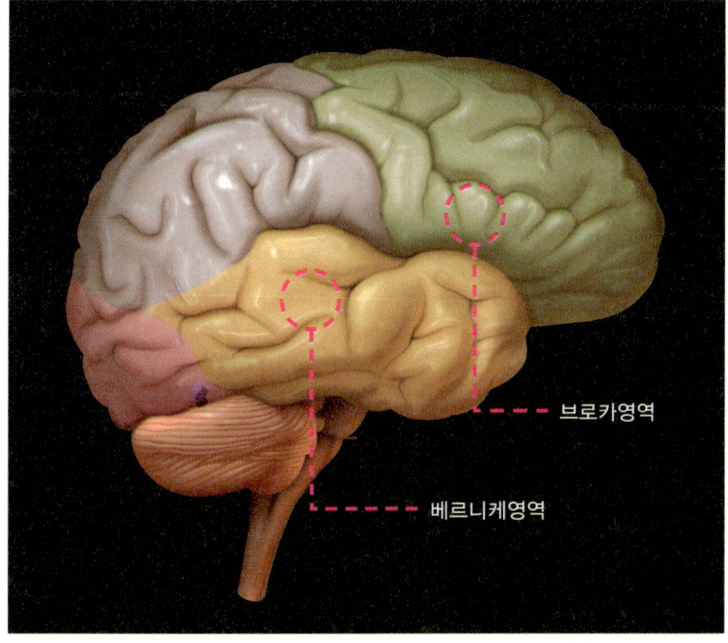

전두엽에는 브로카영역, 측두엽에는 베르니케영역이라는 언어 능력 관장 부위가 있다.

여성과 남성을 비교해보면, 일반적으로 남성에 비해 여성의 측두엽이 더 큰 편이다. 이는 인류의 진화사와 관련이 있다. 원시시대부터 여성은 주로 집안에서 활동하며 사람들간의 의사를 조율하는 등의 언어적인 활동을 주로 하다 보니 언어 능력이 중요한 유전부호로 자리를 잡았기 때문이다. 물론 이런 연구결과 역시 일반 여성과 남성의 평균을 근거로 한 것이다. 그런 만큼 여성이 남성에 비해 반드시 언어 능력이 우수하다고 결론짓는 것은 섣부른 판단이다.

측두엽은 직관력이나 통찰력과 큰 관계가 있다

측두엽은 주로 청각적 정보를 처리하기 때문에 목소리의 억양이나 느낌을 이해하며, 음악 처리에도 관여한다. 우측 측두엽에 자극이 가해지면 환청이나 환후幻嗅를 경험하기도 한다. 특히 우뇌의 측두엽은 멀리 있는 자녀가 아플 때 부모가 그걸 감지하는 직관력과도 관련이 있다고 보고된 바 있다.

측두엽은 직관력과 통찰력, 신비한 영적 체험 등과 관계있는 부위로 알려져 있다. 러시아의 대문호 도스토예프스키Dostoevskii는 측두엽 발작을 여러 차례 겪었는데, 그는 그 고통을 '신성한 체험'으로 느꼈다. 도스토예프스키는 종종 "간질은 뜻밖의 정서를 일깨워 고상하고 풍부하며 영생하는 느낌을 나에게 선사해주었다."고 말하곤 했다고 한다. 화가 반 고흐Vincent van Gogh 역시 측두엽 발작 환자였다. 이런 일련의 예들은 예술적 성취와 측두엽 부위가 밀접한 관계가 있음을 추측하게 한다. 고흐와 같은 거장은 아니더라도, 측두엽 손상으로 예술적 능력을 발휘하고 있는 현존 인물로는 매큐Macue가 있다. 평범한 건축가였

왼쪽부터 러시아의 대문호 도스토예프스키, 천재적인 화가 반 고흐, 아빌라의 성녀 테레사. 문학과 예술, 영적인 분야에서 주목할 만한 이들은 공통적으로 측두엽 간질 발작을 겪었다고 한다.

던 그는 뇌 손상 이후 억제할 수 없는 예술적 충동을 화폭에 담았다.

종교인인 성 바오로나 아빌라의 성 테레사도 측두엽 간질 환자였다. 그들은 영적 문제에 몰입해 있었던 사람들이다. 그런 사례를 기반으로 1997년 라마찬드란V. S. Ramachandran 박사 등은 뇌에 종교를 담당하는 '하느님 모듈'이 있을 것이라고 생각했다. 실제로 영적 경험을 한 간질 환자들이 하느님을 생각할 때 그들의 측두엽 일부가 활성화되었음을 발견한 연구결과가 있다. 이는 곧 종교현상이 뇌에 '고정된 신경망'임을 시사한다. 이 연구에서 가장 흥미로운 사항은 간질 발작이 '하느님 모듈'의 신경을 과잉자극한다는 것이다. 또한 신앙심을 유발하는 낱말을 제시했을 때 간질 환자들과 종교인들의 반응이 유사했다. 만일 '하느님 모듈'이 존재한다면, 무신론자들의 뇌는 유신론자들과 다를 수도 있을까? 조물주가 우리에게 신앙을 가질 뇌를 만들어준 걸까?

마이클 퍼싱거Michael Persinger 박사는 영적 체험을 연구하기 위한 실험실을 만들었다. 그의 실험 대상자들이 자기장을 유발하는 전자석이 부착된 모자를 쓰자, 피실험자의 측두엽에 이상한 활동이 일어났다.

퍼싱거는 이렇게 야기된 측두엽 활동이 영적·초자연적 체험을 유발한다는 데 주목했다. 퍼싱거에 의하면, 좌측 측두엽의 자아감은 그에 상응하는 우측 측두엽의 자아감과 대립한다. 양측 측두엽에 혼란이 생기면, 또 다른 자아감이 나타나 정서 뇌가 자극을 받는데, 이때 기분이 좋아지고 강력한 영감이 생긴다는 것이다. 하지만 신성한 영적 체험을 이처럼 성급하게 결론짓는 건 위험한 일이다. 이는 인간이 몇 가지 원소로 구성되어 있으니, 그런 원소들을 합치면 인간이 될 것이라고 생각하는 환원주의나 다름없다. 직관, 통찰, 영적 체험과 뇌의 관계는 추후 계속 관심을 갖고 연구해야 할 사안이다.

두정엽

두정엽은 전두엽 바로 뒤의 정수리 부분으로, 세부적으로 다시 여러 부위로 나누어진다. 각 부위는 각기 다른 역할을 하는 동시에 상보적으로 작용한다.

두정엽의 앞부분은 체감각피질 영역이다. 체감각피질은 전두엽의 동작피질 바로 뒤에 있어 마치 두 개의 머리띠가 나란히 있는 것처럼 보인다. 체감각피질은 피부의 촉각, 통각, 압각, 주변의 온도, 몸의 위치 등에 대한 정보를 받아들인다. 따라서 두정엽이 손상되면 촉각과 통각을 느끼지 못하거나 공간상에서 자신의 위치를 파악할 수 없다. 동작피질과 마찬가지로 체감각피질에도 신체 각 부위의 상응 부위가 있다. 민감한 신체부위일수록, 체감각피질에서 차지하는 넓이가 더

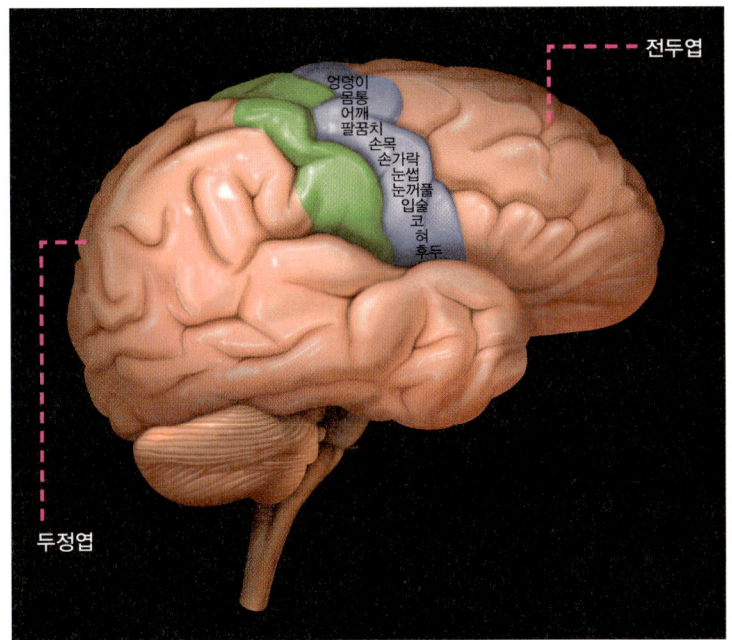

그림에서 초록색 부분은 체감각피질 영역이고, 하늘색 부분은 동작피질 부분이다. 각각의 동작피질은 담당하는 신체부위가 다르다.

넓다. 가령, 입술, 혀, 목구멍에는 가장 많은 수용기가 있다. 동작피질과 같이 뇌에서 서로 인접한 신체부위는 서로 영향을 주고받는다. 두정엽의 뒷부분은 공간인식을 위한 해석영역이다. 이곳을 통해 우리는 신체와 주변과의 관계, 각 신체부위의 위치를 시종 모니터하게 된다.

일반적으로 두정엽은 여성에 비해 남성이 발달되어 있다. 그래서 일반적으로 여성에 비해 남성이 어림셈이나 공간감각이 우수한 편이다. 이 역시 인류의 진화사와 관련이 있다. 남성의 경우 사냥을 하면서 오랫동안 동물의 수나 공간을 어림짐작하는 일을 담당해왔고 그 과정에서 그런 능력이 중요한 유전부호로 자리잡았기 때문이다. 실제로 길 찾기 방식을 통해 남녀의 차이를 발견할 수 있다. 대부분의 남성은

"여기에서 직진해서 500미터쯤 가면 ○○가 나오고, ○○에서 오른쪽으로 300미터쯤 가면 □□가 나오고, □□에서 직진해서 200미터쯤 가면 오른쪽에 △△가 있다"는 식으로 말하는 등 공간과 거리를 비교적 정확한 수치로 전달한다. 여자의 경우에는 특정한 랜드마크 등을 이용해 길을 안내하는 편이지, 거리를 수치로 표현하는 일은 드문 편이다.

두정엽은 수학적 추리나 공간 해석 등에 관여한다

연구에 따르면 앞에서 언급한 바 있는 천재 물리학자 아인슈타인의 뇌는 수학적 추리와 관련된 양쪽 하부 두정엽이 보통 사람보다 15퍼센트나 더 넓었다고 한다. 위텔슨Witelson 교수 등 연구진은 두정엽 부위가 시공간적 사고, 입체적 표상, 수학적 추리에 중요할 것이라고 추측한다.

최근 두정엽과 명상에 대해 흥미로운 연구가 소개된 바 있다. 그 연구를 수행한 앤드류 뉴버그Andrew Newberg 교수는 스님들이 명상 상태

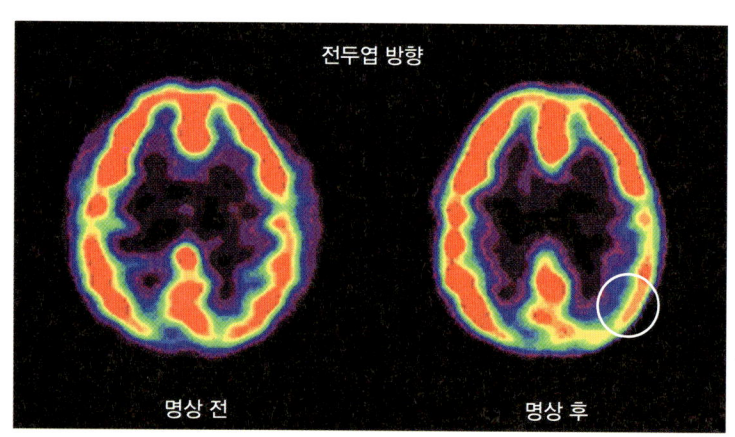

명상 전과 명상 후의 뇌 사진. 사진에서 활발하게 활동하는 부위는 붉은색으로 표현된다. 명상 전에는 활발하던 뇌의 활동이 명상 후에는 다소 감소한 것을 관찰할 수 있다(표시된 부위의 붉은색의 농도가 명상 후에는 더 옅어졌다). 특히 공간 해석 등을 관장하는 두정엽 부위의 움직임이 저하되었다.

에 이르면 뇌 활동에 특이한 변화가 나타남을 발견했다. 옆의 그림을 보면, 명상 전에 활발하던 뇌 활동이 명상 후 감소하였음을 알 수 있다. 이에 대해 연구진은 명상을 통해 공간 해석 등에 기여하는 두정엽의 기능이 저하되면서 시공을 초월한 감각을 획득하게 되고 이를 통해 영적으로 자유로워진 느낌을 얻는 것이라고 추측한다.

후두엽

후두엽은 뇌의 뒷부분에 위치한다. 후두엽은 주로 시각처리를 담당하는데 외부에서 유입된 시각자극이 1차 시각영역에서 처리된 후, 시각연합영역으로 가서 기존의 정보를 바탕으로 해 해석된다. 만일 1차 시각영역에서 정보처리가 되더라도 시각연합영역에서 무의미하게 처리된다면, '낫 놓고 ㄱ자 모르'는 상황이 발생할 수 있다. 두 사람이 동일한 자극을 보고 서로 다른 것에 집중하거나 달리 이해하는 것도 바로 시각연합영역에서 다르게 처리하기 때문이다.

후두엽은 시공간정보를 저장하는 작업기억을 담당한다

우리가 시각적으로 주의집중하려면, 뇌의 여러 부위가 협응해야 한다. 즉 시각영역에서 외부의 자극을 처리한 후 다른 뇌 체계와의 교류를 통해 관련 시각정보가 저장되어 있는지를 판단해야 한다. 그때 새로운 자극이 기존의 정보와 조화되면 새로운 자극이 비로소 의미를 갖게 된다. 그렇기 때문에 교사가 수업 전에 칠판에 학습목표를 제시하는 것은 아주 중요하다. 그렇게 주의를 환기시킴으로써 교사는 학생들의 뇌가 중요한 정보에 주의집중할 가능성을 높이고 중요한 특징이나 아이디어를 예측하게 한다.

최근 한 연구에서는 IQ가 높은 사람들이 IQ가 낮은 사람들에 비해 작업기억에 시공간정보를 저장하는 능력이 뛰어난 것으로 나타났다. 그런데 한 가지 놀라운 사실은 과제에 대한 기억부하가 증가하자 IQ가 높은 사람들만 뇌의 뒷부분이 활성화되었다. 연구자들은 높은 지능이란 결국 통제기능을 담당하는 전두엽이 공간정보를 저장하는 후두엽에 기억을 저장하는 능력일 것이라 추측한다.

실제로 동일한 사람이라도 정보를 시공간적으로 구성할 경우 기억효과가 크게 높아질 수 있다. 가령, 어딘가를 갈 때 말로 설명을 들으면 복잡하지만, 약도를 보면 한결 더 수월한 것처럼 말이다. 이런 사실을 고려할 때, 같은 정보라도 시공간적으로 구성해서 공부하면 한층 더 효과적일 것이라 짐작할 수 있다. 마인드맵mind map은 이를 활용한 대표적인 학습 방법이다.

사실 정보를 시공간적으로 구성하여 기억하는 방식은 그리스·로마 시대로 거슬러 올라간다. 로마인들은 기억할 항목을 주변에 있는 물체나 장소와 관련짓는 장소법을 활용했다. 그리스의 시인 시모니데스는 이 장소법을 확대하여 '기억궁전'을 개발했다. 어느 날 오후 그는 축하연에 모인 군중들로부터 시를 낭송해달라는 부탁을 받았다. 그가 시를 낭송하고 그곳을 떠난 후 건물이 무너져 모두 죽었는데, 너무 심하게 부딪혀 누가 누군지 구분할 수 없었다. 그때 시모니데스는 시를 낭송하면서 보았던 각 테이블의 모습을 기억해내어, 테이블에 있던 사람들을 기억해낼 수 있었다. 그 후 사람들이 연회장의 사람들을 기억해낸 시모니데스의 아이디어를 확대하여 '기억궁전'이라는 기억술을 도입했다.

  장소법을 활용할 때 자연스럽게 적용되는 게 바로 심상$_{Image}$이다. 심상은 머릿속으로 어떤 장면을 상상해보는 것으로, 뇌는 심상을 실제로 보는 것과 유사하게 처리한다. 그래서 따스한 모래가 몸에 닿는 장면을 상상하면 체온이 높아지고, 사랑하는 사람의 얼굴만 떠올려도 미소를 머금게 된다. 이런 사실을 근거로 신경과학자들은 실험 대상자가 어떤 정서와 관련된 일을 상상하는 동안 뇌 변화를 측정해왔다. 이러한 심상은 그동안 교육, 스포츠 및 상담에 널리 활용되어 왔으며 (마인드 트레이닝), 그 효과 또한 긍정적으로 인정받고 있다.

뇌의 각 부위는 네트워크를 이루어 상호작용한다

  이상에서 설명한 바와 같이 우리 뇌를 구성하는 4개의 엽은 각기 그 기능이 다르지만 서로 밀접하게 네트워크를 이루어 작용한다. 일반적으로 이들의 정보처리 순서는 뒤쪽에서 앞쪽으로 진행된다. 뒤쪽에서 외부의 정보를 수용한 뒤(후두엽) → 중앙에서 정보들을 통합하고(두정엽, 측두엽) → 맨 앞에서 해석(전두엽)하고 판단하는 방식으로 이루어진다. 가령, 독자가 읽고 있는 이 책의 내용은 시각신경과 시상을 지나 후두엽으로 간다. 후두엽에서 정보가 처리된 후에는 두정엽, 측두엽으로 가서 통합되고, 마지막으로 전두엽에서 기존의 기억과

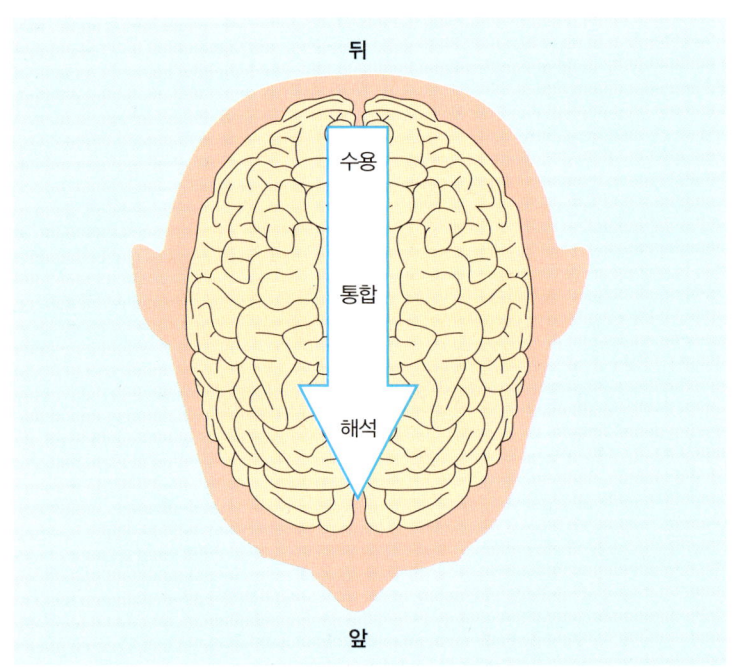

뇌에서의 정보처리는 뒤에서 앞으로 이루어진다. 후두엽에서 외부의 정보를 수용하고 두정엽과 측두엽에서 정보를 통합하고 맨 앞인 전두엽에서 해석과 판단을 한다.

지식들에 비추어 현재 읽고 있는 글들의 의미와 내용이 적절하게 해석된다.

외부에서 들어온 정보가 저장될 때에는 모든 기억이 한 부위에 저장되지 않는다. 기억의 여러 측면은 각기 다른 뇌 부위에 저장되어 있다가, 필요시 순간적으로 종합되어 회상하게 된다. 가령, 레스토랑에서 누군가와 음악을 들으며 음식을 먹었다면, 그때의 시각, 청각, 미각정보들이 각기 담당 뇌 부위에 분산·저장되었다가, 필요시 종합되어 '누구와 어떤 분위기에서 식사한 일'로 기억하게 된다. 만일 그날 들은 음악이 아주 인상적이었다면, 음악의 멜로디는 중요한 인출단서가 되어 훗날 그 음악만 들어도 그 레스토랑이 생각날 수 있다.

삼위일체의 뇌

3

뇌의 단면은 어떤 모습일까? 68쪽의 그림은 뇌를 위에서 아래로 자른 단면이다. 마치 겹겹의 양파껍질과 같다. 신경과학자 맥린McLean 박사는 각각의 뇌의 층에 이름을 붙였다. 맨 아래의 뇌간은 파충류의 뇌, 가운데 부분의 변연계를 포유동물의 뇌, 그리고 맨 위의 피질을 인간의 뇌로 분류하였다. 인간의 뇌는 진화 과정을 따라 아래에서부터 위로 점차 발달해왔다. 피질에 대해서는 앞 장에서 자세히 다룬 관계로 여기서는 생략하기로 한다. 특히 포유동물의 뇌로 불리는 변연계에는 시상, 시상하부, 해마, 편도, 측좌핵 등 감정 처리와 호르몬 작용 등에 관여하는 부속 기관들이 존재한다. 그러면 우리 몸의 다양한 작용을 담당하는 뇌간, 소뇌, 변연계에 대해 알아보자.

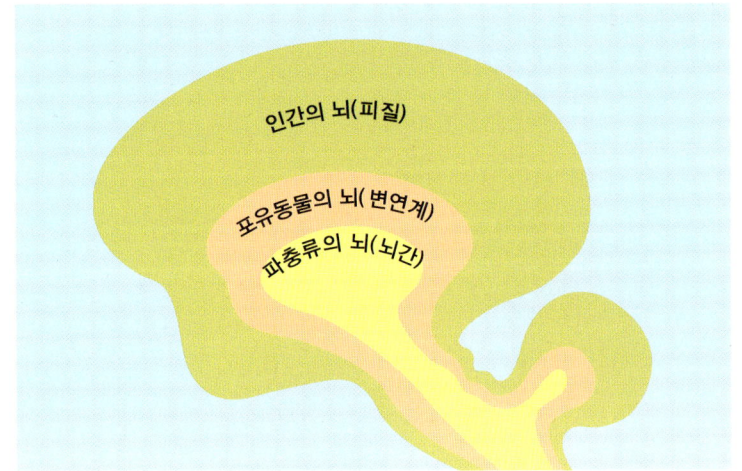

신경과학자 맥린이 주요 기능 및 발달사와 관련지어 구별해 이름을 붙인 뇌의 단면. 맨 아래의 뇌간은 파충류의 뇌, 가운데 부분의 변연계는 포유동물의 뇌, 그리고 맨 위의 피질은 인간의 뇌로 분류된다.

파충류의 뇌, 뇌간

뇌간의 기본 구조는 파충류의 뇌를 닮았다. 뇌간은 진화 과정에서 가장 오래된 뇌 부위로, 중뇌, 뇌교, 연수로 구성된다. 뇌간의 맨 위에 위치한 중뇌는 눈과 귀에서 온 정보를 시상에 보낸다. 중뇌는 머리와 눈의 움직임도 조절하기 때문에, 운동신경이 가장 많다. 우리가 숙면을 취할 수 있는 것은 중뇌가 뇌를 외부와 차단해주기 때문이다. 중뇌 바로 아래에는 뇌교가 있다. 뇌교는 피질과 연수를 연결해주는 다리이다. 뇌교는 꿈꾸는 수면단계인 렘 수면REM, Rapid Eye Movement을 유도한다. 뇌교 아래의 연수는 척수와 뇌를 지나는 운동신경통로이다. 연수는 호흡과 심장의 맥박을 조절하고, 삼킴, 기침, 구역질, 구토 같은 불수의 활동(의식적으로 이루어지지 않는 행동)도 담당한다.

뇌간은 생존에 필수적이다

뇌간은 생존을 위한 기본적인 기능을 담당한다. 중요한 것은 호흡, 심장박동, 혈압 등이 무의식적으로 이루어진다는 점이다. 이런 일련의 작용들은 뇌간의 '망상체'라는 곳에서 수행한다. 망상체는 몸 전체에 들어오는 정보를 받으며, 몸이 움직일 때마다 심장박동, 혈압, 호흡을 적절히 조절한다. 망상체는 각성수준을 조절한다. 망상체, 시상, 감각계의 뉴런들이 망상활성화체계를 이루어 환경변화에 적응하기 위해 인체의 감각기관을 통해 입력정보를 받아 흥분수준을 조절한다. 가령, 우리가 조용하고 어두운 곳에 있을 때처럼 감각정보가 줄어들면, 망상활성화체계가 피질의 흥분수준을 줄인다. 우리가 수면을 취할 수 있는 것도 망상체의 작용 덕분이다. 우리가 졸든, 잠자든, 깨어 있든, 꿈을 꾸든, 뇌간은 시종일관 생명유지 기능을 담당한다.

뇌간은 주의집중을 유도한다

망상활성화체계는 자극을 걸러내는 여과기 역할을 하여 주의집중을 돕는다. 따라서 망상활성화체계에 문제가 있으면 주의력에도 문제가 발생할 수 있다. 독자가 이 책을 읽고 있는 동안 망상활성화체계에서 모든 감각정보를 다 받아들인다면 어떨까? 아마도 책에 집중하기 어려울 것이다. 책 넘기는 소리, 차 소리, 손의 촉감, 시계 소리, 전등의 밝기 등 사소한 것까지 다 처리하느라 주의가 분산되기 때문이다. 그래서 아이가 공부하는 동안에는 주변의 주의산만 요소를 최대한 줄이는 게 좋다.

뇌간은 신경전달물질을 만든다

뇌간은 신경전달물질도 생성한다. 우리의 기분, 정서, 행동에 강력한 영향을 주는 도파민dopamine, 노르아드레날린noradrenaline, 세로토닌serotonin 등의 신경전달물질이 바로 뇌간의 핵에서 생성되어 모든 뇌 부위로 전달된다.

아드레날린의 활동으로 호흡, 순환, 대사와 같은 신체활동이 이루어진다. 특히 놀라서 공포를 느낄 때에는 아드레날린이 급격히 분비된다. 세로토닌은 각성을 억제하고 수면을 유도한다. 정서적으로나 신체적으로 건강한 생활을 유지하려면 이들 신경계가 상호 조화를 이루어 각성과 수면 사이클이 제 기능을 수행해야만 한다.

소뇌

소뇌는 뇌의 11퍼센트를 차지하여, 대뇌 다음으로 큰 기관이다. 뇌간의 맨 위를 감싸고 있으며 후두엽 바로 아래에 있다. 뇌간과 마찬가지로 소뇌는 진화 과정 초기부터 존재했다.

소뇌는 신체의 움직임을 조절한다

소뇌는 동작과 이동을 조절하며, 그 기능이 출생 후 급속도로 발달해 2세 무렵이 되면 거의 성인 수준에 이른다. 유아가 걷거나 잡을 때, 소뇌가 일련의 동작패턴을 신경네트워크에 저장해두었다가 필요시 인출한다. 컵을 들 때, 자전거를 탈 때, 계단을 오를 때, 눈을 비빌

때, 균형을 유지할 때 등 모두 소뇌가 개입한다.

동작을 계획하고 주도하는 것은 대뇌의 동작피질의 몫이지만, 동작피질에는 근육수축에 필요한 신경회로가 없기 때문에 실제로 근육을 움직이게 하는 일은 소뇌가 담당한다. 소뇌는 동작피질의 정보를 받고 여러 근육의 역할을 파악하여 해당 근육에 메시지를 보낸다. 그때서야 비로소 동작이 시작된다. 동작 중에도 소뇌는 근육의 활동을 계속 모니터하여 조절한다. 소뇌는 동작피질, 척수, 근육 등에서 정보를 받아 동작을 계속 수정해간다.

소뇌는 활동을 검토하는 자체 조절기가 있는데, 그건 바로 소뇌 앞의 대뇌 기저핵이다. 대뇌 기저핵은 소뇌의 활동을 조절하는 신경집단으로, 동작조절에 기여한다. 대뇌 기저핵 덕분에 소뇌는 피질이 원하는 대로 몸에 명령을 내린다. 가령, 우리가 달리기를 할 때 두 발이 서로 일정거리를 유지해야 하는데, 이때 대뇌 기저핵이 소뇌를 조절하여 균형을 유지한다.

파킨슨씨병과 루게릭병은 소뇌의 손상으로 인한 근육질환이다.

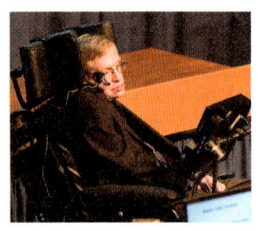
영국의 유명한 물리학자 스티븐 호킹 박사는 근육을 움직일 수 없는 루게릭병을 앓고 있다. 루게릭은 소뇌의 손상으로 동작을 담당하는 뉴런이 파괴되어 근육이 위축되고 움직일 수 없게 되는 병이다.

파킨슨씨병은 팔과 다리를 마음대로 움직일 수 없는 병으로, 동작에 기여하는 신경전달물질인 도파민을 생성하는 세포들이 손상되어 나타나는 병이다. 반면에 루게릭병은 동작을 담당하는 뉴런이 파괴되어 근육이 '움직이라'는 지시를 제대로 받지 못한다. 루게릭병 환자들은 근육이 점차 약해져 나중에는 말하는 것마저 어렵다. 천재적인 물리학자 스티븐 호킹 박사는 루게릭병으로 인한 어려움에도 탁월한 능력을 발휘한 학자이다.

소뇌는 인지 작용과 정서 발달에도 영향을 준다

동작과 관련된 역할만으로도 소뇌의 기능은 대단하다. 그런데 최근 신경과학자들은 소뇌의 또 다른 역할에 관심을 갖고 있다. 실제로 1995년 신경과학협회 연차대회에서는 '소뇌가 인지에 미치는 역할은 어떤가'라는 주제로 소뇌가 기억, 공간지각, 언어, 주의집중, 정서 등에 미치는 영향에 대한 연구들이 다수 발표되었다. 이 발표에서 아동 발달 초기의 동작활동은 아이의 동작 발달뿐만 아니라 인지와 정서 발달의 기초가 된다는 결과들이 보고됐다. 아동 심리학자 피아제Piget가 0~2세를 감각운동단계라 한 것은 이런 보고들과 일맥상통한다. 우리나라의 부모들은 자녀들의 뇌 발달을 위해 어려서부터 인지 학습에만 관심을 기울인다. 그러나 이는 동작을 통한 뇌 발달을 무시하고, 전두엽의 사고기능만을 중요시하는 잘못된 생각이다. 아동의 다양한 움직임이 건강한 발육을 유도함과 동시에 인지와 정서능력을 촉진하는 방법임을 잊지 말자.

시상과 시상하부

시상은 뇌간 바로 위에 있는 부위로, 지각과 신체기능을 조절한다. 시상은 두 개의 작은 럭비공을 다리로 연결한 부푼 H자처럼 보인다. 그리스어의 '방' 또는 '내실'을 의미하는 시상은 감각기관과 피질 사이의 정보흐름을 안내하는 중개소 역할을 한다. 즉 시상은 피질로 들어가는 일종의 문門이다. 후각을 제외한 거의 모든 정보는 가장 먼저 시상으로 간 뒤, 그곳에서 분류된 후 뇌의 여러 부위로 보내진다. 후각의 경우만 예외이다. 생존과 밀접하게 관련되어 시상을 거치지 않고 바로 처리부위로 가던 진화의 흔적 때문인 듯하다. 시상에 도착한 감각정보들은 이후 피질과 편도(78쪽 참조)로 가는데, 유입자극이 해로울 거라 판단될 경우에는 편도가 시상하부를 자극하여 우리의 인체에 메시지를 보내 호흡이나 맥박 등이 변하게 된다. 시상은 인체의 신

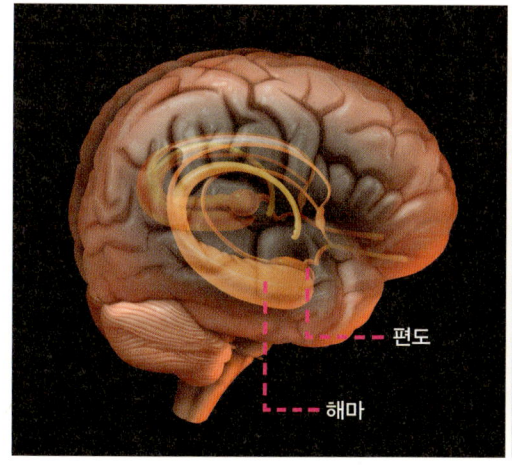
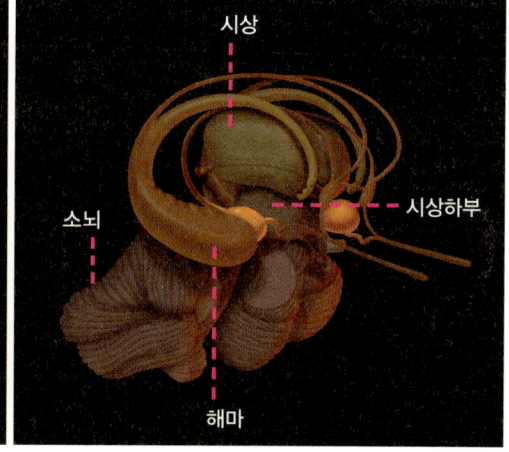

포유동물의 뇌인 변연계(왼쪽)의 모습과 변연계를 구성하고 있는 기관들의 모습. 시상, 시상하부, 편도, 뇌하수체, 해마 등으로 구성된 변연계는 정서를 조절하고 기억 내용을 저장하는 등의 기능을 담당한다.

호를 뇌에 보내는 동시에 뇌의 신호를 인체에 보내는 교차로 역할을 한다.

시상하부는 신체의 리듬과 평형을 조절한다

시상 아래에는 엄지손톱 크기의 시상하부가 있다. 시상하부는 말 그대로 시상 아래에 있다. 시상이 외부에서 유입되는 정보를 모니터 한다면, 시상하부는 우리 몸의 내부를 모니터하여 신체의 정상적인 상태를 유지한다. 시상하부는 다양한 호르몬을 분비하여 성욕, 수면, 쾌락, 섭식, 수분섭취 등 수많은 신체기능을 조절한다. 가령, 혈중 염분이 너무 많을 경우 시상하부에서는 염도를 낮추려고 '물을 마시라'는 신호를 보낸다. 또 혈중에 당분이 너무 많으면, 식욕을 억제한다. 체온이 너무 높으면, 시상하부에서 땀 분비를 증가시킨다. 반대로 체온이 정상 이하로 떨어지면, 모세혈관을 수축시켜 열 손실을 줄이고 온몸을 떨게 해 체온을 올린다. 감기몸살이 있는 경우, 외부에 비해 체온이 높아져 시상하부에서 체온을 정확히 모니터할 수 없다. 그래서 감기몸살이 있을 때는 체온이 높으면서도 춥다고 느낄 뿐만 아니라, 체온을 올리기 위해 몸을 덜덜 떠는 것이다.

이밖에도 시상하부는 생체리듬을 조절하고, 섭식을 조절하여 포만감을 느끼게 하거나 허기를 느끼게 한다. 모두가 인간의 생존에 필요한 기능들이다. 시상하부는 우리 마음의 정서 상태를 파악해 이를 신체 상태로 바꾸는 일도 한다. 시상하부는 앞쪽의 부교감신경을 통해 몸에 안정신호를 보내는 반면, 뒤쪽의 교감신경을 통해 몸에 자극적인 신호를 보낸다. 우리가 위협을 받거나 겁을 먹었을 때 나타나는 대응-도피fight-flight 반응은 시상하부의 작용이다. 가령, 시상하부에서 '도망가자'는 신호를 보내면 심장이 빨리 뛰고 호흡과 혈압이 증가하며, 혈액이 대근육으로 몰리다보니 손발이 차갑고 동공은 확대된다. 몸과 마음이 결국 하나라는 말은 시상하부의 활동을 염두하고 나온 말이 아닐까 싶다.

시상하부는 성적性的 정체감을 결정한다

1991년 사이먼 리베이Simon LeVay라는 영국의 신경과학자는 게이들의 경우 남성적 행동을 유발하는 시상하부 핵의 크기가 일반 남성들의 1/3~1/2정도로 작아, 여성과 그 크기가 비슷함을 발견했다. 물론 게이와 일반 남성들 간에는 뇌량의 두께에서도 차이를 보였다(게이들의 뇌량이 더 크다). 그러면 이런 현상의 원인은 유전적인 것일까, 환경적인 것일까? 리베이는 2002년 쥐를 대상으로 한 후속 연구에서 출생 전 특정 시기에 시상하부의 핵이 환경에 민감하였고 이후에는 좀처럼 변하지 않는 것으로 나타났다. 이 실험을 인간에게 적용할 경우, 게이와 보통 남성간의 차이는 시상하부의 성 분화가 이루어지는 태내발달에서부터 나타날 가능성이 높다. 인간의 경우, 뇌가 장기적인 발달사를 거쳐 더 발달된 피질을 갖고 있다는 점에서, 시상하부 핵의 크기가 환경에 의해 변화될 가능성을 완전히 배제할 수는 없다. 어쨌든 이와 관련해 미국의 한 학술잡지에 안타까운 연구결과가 보고되기도 했다. 그에 따르면, 동성애 성향이 있는 학생들의 자살률이 일반 청소년의 자살률에 비해 3배 정도 높은 것으로 나타난 것이다. 그 주요 원인은 사회의 낙인이나 냉대 등인 것으로 밝혀졌다.

해마

해마는 단기기억의 중추이다

해마를 의미하는 'Hippocampus'는 라틴어의 '해마 sea horse'라는 말에서 나왔다. 모양이 바다생물인 해마와 닮았기 때문이다. 해마는 가까운 과거의 기억을 유지하는 기능을 한다. 해마가 없다면 쇼핑을 마친 후 주차해둔 차를 찾지 못할 것이다. 이 문장을 읽은 순간 '아니, 나도 그럼!' 하면서 깜짝 놀란 독자들은 걱정할 필요가 없다. 해마에 문제가 없는 건강한 보통 사람도 주의를 기울여 처리하지 않은 정보를 기억하긴 어렵기 때문이다. 이처럼 가까운 과거의 사건을 기억할 때에는 해마가 중요한 역할을 하지만, 세월이 흐르면 기억에 대한 조절이 피질로 넘어간다. 즉, 어떤 일화가 일단 장기기억창고에 저장되면, 그 일화를 인출하려 할 때 더 이상 해마가 필요하지 않다. 따라서 해마가 심하게 손상이 된 사람들은 가까운 과거의 일을 회상하지 못하지만, 오래 전의 일을 기억해내는 데에는 문제가 없다.

대표적인 예로 간질 발작을 없애기 위해 뇌 수술을 받은 H.M이라는 사람의 사례연구를 들 수 있다. 수술과정에서 그는 측두엽의 많은 부위를 제거하여 다행히도 간질 발작은 사라졌다. 그런데 측두엽을 제거하는 과정에서 실수로 해마도 제거되어, H.M은 일화나 사실관련 단기정보를 기억하지 못했다. 흥미로운 것은 H.M은 수술하기 2년 전의 일은 기억하면서도, 수술 후의 일은 전혀 기억하지 못했다. 심지어 H.M은 미로 그리기나 퍼즐 맞추기를 배우면서도 그걸 배웠다는 사실마저 기억하지 못했다. H.M이 미로 그리기나 퍼즐 맞추기를 배울 수 있었던 것은 이런 활동은 해마가 개입할 필요가 없는 절차기억이기 때문이다.

간혹 단기기억을 담당하는 해마도 실수를 할 때가 있는데, 흔히 '데자뷰déjàvu(기시감旣視感)'라고 말하는 것이 그것이다. 데자뷰를 느낄 때 우리는 처음 와본 곳도 예전에 온 것같이 생각된다. 이는 해마의 일시적인 착각으로 단기기억을 장기기억으로 분류했을 때 벌어지는 일이다.

해마는 스트레스에 민감하다

우리 몸은 스트레스를 받으면 코르티솔cortisol이라는 호르몬을 분비한다. 코르티솔은 면역체계 저하, 대근육 긴장, 혈액응고 및 혈액증가를 포함한 일련의 신체반응을 불러일으킨다. 대부분 위기상황에서 나타나는 반응이다. 이런 반응이 생존을 위해 아무리 중요할지라도 학습과 기억에는 부정적으로 작용한다.

가령, 만성적으로 많은 스트레스를 받아 코르티솔 수준이 높을 경우에는 학습과 기억에 중요한 해마의 뉴런들이 죽어 해마가 위축된다. 물론 해마가 코르티솔이라는 호르몬을 적절히 수용했을 때에는 기억효과가 오히려 높아진다. 적절히 긴장한 상태에서 암기(벼락치기와 같은)를 비롯한 공부가 더욱 잘 되는 것을 경험해본 사람이라면, 이런 현상이 바로 이해될 것이다.

이런 해마의 작용을 고려할 때, 부모나 교사들은 어른들이 풍요로운 경험으로 제공하는 것을 아이가 스트레스로 수용할 수도 있음을 인식해야 한다. 여기서 우리는 두 가지를 명심해야 한다. 하나는 아이

입장에서 적절한 양의 경험을 제공해야 한다는 것이고, 다른 하나는 동일 과제라 하더라도 도전정신을 가지고 긍정적으로 바라보는 시각을 길러주는 것이 중요하다는 사실이다.

편도

편도는 정서를 유발한다

편도는 해마의 끝 부분에 있다. 편도는 기쁨, 슬픔, 분노, 불쾌 같은 정서들을 유발시킨다. 특히 편도는 공포의 핵심 중추이다. 이는 원시

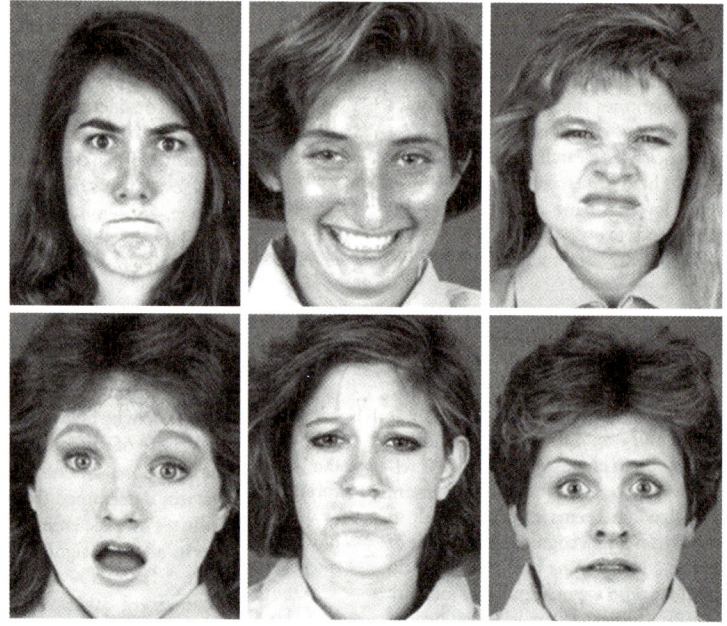

편도는 기쁨, 슬픔, 분노, 불쾌, 놀람 등과 같은 다양한 정서를 만들어내는 곳이다. 특히 편도는 공포를 느끼는 핵심 중추이다.

시대부터 편도가 생존을 위해 공포상황을 판단하고 그에 대처해왔기 때문이다. 이런 공포정서를 불필요한 것으로 여길지 모르지만, 위기 상황에서는 공포가 생존을 위해 필수적이다. 일단 정보가 시상에 들어오면, 시상에서는 정보를 피질과 편도 두 곳에 보낸다. 시상-피질 통로를 지날 경우에는 정보처리의 속도는 느린 대신 정확히 처리된다. 반면에 시상-편도 통로를 지날 경우에는 속도는 훨씬 더 빠르지만 정확성은 크게 떨어진다. 위기상황에서는 다소 정확하지 않더라도 일단 피하고 보는 게 상책이다. 따라서 위기상황에서는 시상-편도 통로가 활성화되어야 하는데, 다행히도 시상-편도 통로가 시상-피질 통로보다 가까워, 위기 상황에서 신속하게 피할 수 있다.

편도는 부정적 정서에 민감하다

생존이 위협받는 상황처럼 극단적인 상황이 아니더라도 편도는 부정적 정서에 민감하다. 즉, 자신에게 부정적인 상황을 신속히 파악하고 그 상황에서 벗어나려 한다. 가령, 부모에게 무언가를 배우면서 망신을 당하거나 모멸감을 느낀 경우, 부모가 "함께 공부하자"는 말을 하면 아이가 슬슬 피하는 걸 볼 수 있다. 이는 자연스러운 현상이다. 부정적 경험을 피하는 것은 아이의 뇌가 자신을 보호하는 나름의 생존방식이다. 그러므로 공부와 관련해 긍정적 경험을 심어주는 것이 필수적이다. 재미있게 가르치기, 아이의 장점 활용하기, 실패했을 때의 느낌 공감해주기, 실패를 극복한 경험담 들려주기 등 학습과 관련해 긍정적 정서를 유발해야 한다.

굉장히 큰 공포감을 느낀 경우 이에 대한 기억은 심리적 트라우마

trauma가 되어 편도에 깊이 각인된다. 영화 〈호로비츠를 위하여〉의 주인공인 경민이는 피아노 콩쿨대회에 나가 순간적으로 강한 조명을 보고 기절한다. 무대의 조명이 켜진 순간 어린 시절 부모를 잃게 한 교통사고 현장의 자동차 불빛이 무의식적으로 떠올랐기 때문이다. 심리적인 트라우마 등은 편도의 이런 기능과 관계가 있다.

편도는 정서와 관련된 기억을 다룬다

일반적으로 편도는 가까이 있는 해마와 협력하여 정서 메시지를 처리한다. 이 처리과정은 두 가지로 나뉜다. 첫 번째는 조건화된 자극에 대한 정서 반응이다. 가령, '빨간 신호등일 때 길을 건너면 위험하다'는 정보를 접한 유아라면 빨간 신호등일 때 길을 건너지 않는다. 이는 이들이 빨간 신호등으로 인해 공포를 겪어서가 아니고, 빨간 신호등과 관련된 공포를 의식적으로 배웠기 때문이다. 이처럼 교통사고를 겪지 않고도 해마가 배운 내용을 기억하여 빨간 신호등일 때 길을 건너지 않는 게 일반적이다. 그런데 편도가 손상된 유아의 경우에는 '빨간 신호등일 때 길을 건너면 위험하다'고 말하면서도(해마가 기억하고 있기 때문에), 빨간 신호등일 때 아무렇지 않게(편도가 공포를 못 느끼기 때문에) 길을 건넌다.

두 번째는 편도가 정서와 관련된 서술기억을 조절하여 기억의 강도를 촉진하는 것이다. 가령, 어린 시절 옷에 실례한 일, 책을 못 읽어 망신당한 일, 왕따당한 일 등 정서가 얽힌 기억은 깊이 각인된다. 물론 이 기억들은 긍정적일 수도 있고 부정적일 수도 있다. 편도가 개입하여 해마의 기억을 촉진했기 때문이다. 우리가 꿈을 기억하는 것도 편도 덕분이다. 간혹 어떤 사람들은 자기는 꿈을 꾸지 않는다고 말하는데, 그런 경우에는 꿈을 꾸지 않는 게 아니라 편도가 자극받지 않은 것뿐이다. 우리는 많은 꿈을 꾸지만 편도를 자극한 꿈만 우리가 기억한다.

이런 사실에 비추어볼 때 학습상황에서 아이의 정서를 활용할 경우 기억을 촉진할 수 있음을 추측할 수 있다. 물론 부정적 정서 대신 긍정적 정서를 적극 활용하는 것 또한 명심해야 할 사안이다.

얼굴 표정에 대한 반응에서도 편도는 중요한 역할을 한다. 특히 편도는 공포감에 민감하여 공포에 질린 표정을 본 순간 편도가 활성화된다는 연구결과도 있다. 물론 행복이나 분노 같은 정서에 대해서도 활성화되었지만, 공포에 대한 반응이 훨씬 더 크게 나타났다. 아래 사

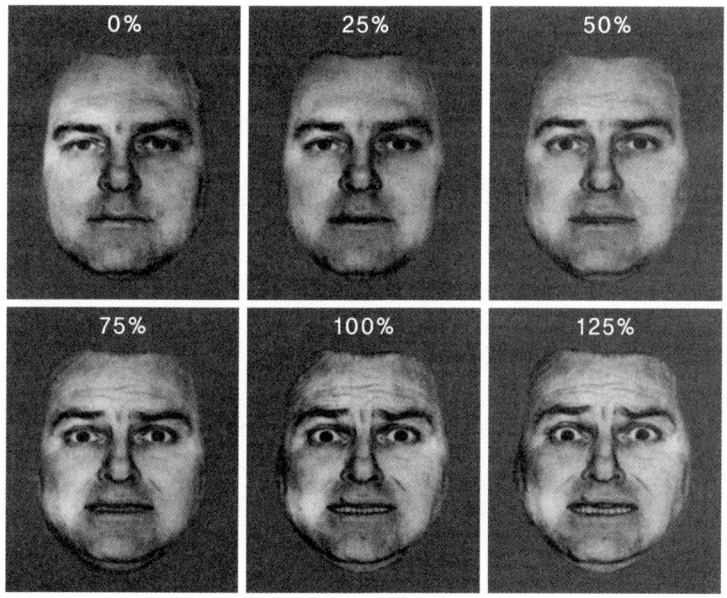

진에서처럼 얼굴 표정에 공포감이 강하게 나타날수록 편도가 더욱 활성화되었다. 편도는 공포 표정을 판단하여 어떤 사람을 믿을만한지 가까이 가도 될지 등을 판단하는 것으로 보인다. 이는 유아들이 무서운 표정을 피하는 걸 보면 쉽게 알 수 있다.

편도가 공포감을 느끼는 데에 결정적 역할을 하는 만큼 편도가 과잉활성화될 경우 정서장애가 발생할 수 있다. 대표적인 편도장애로는 외상 후 스트레스 장애 PTSD, Post Traumatic Stress Disorder를 들 수 있다. 가령, 어려서 학대로 심한 충격을 받은 아동은 그와 관련된 자극에 대해 거의 영구적인 공포반응을 나타낸다. 심지어 보통 사람들이 일상적으로 여기는 자극에 대해서도 편도가 과잉활성화된다. 평상시 보통 사람들은 정서정보가 시상에서 편도와 피질로 나뉘어서 가는 반면, 외상 후 스트레스 장애를 비롯한 정서장애아의 경우에는 평상시에도 시상에서 편도로 가는 신경회로망만이 과잉활성화된다.

측좌핵

측좌핵은 동기유발에 관여한다

베르나르 베르베르의 소설 『뇌』에서 정신과 의사인 핀처는 '뇌의 특정 부위'에 전기 자극을 설치해 그 장치를 통해 강한 내적 동기를 부여받아 승리할 수 있었다. 어떤 행동을 함에 있어서 동기는 행위의 원동력이다. 그러면 여기서 뇌의 특정 부위란 어디일까? 바로 측좌핵이다. 동기유발은 뇌의 여러 부위와 관련되지만 측좌핵이 핵심적인 역할을 한다.

그런데 소설 속에서 게임에 승리한 핀처 박사는 다음날 싸늘한 시신으로 애인의 품에서 발견된다. 어떤 일이 생긴 것일까? 게임으로 극도의 정신적 긴장을 겪은 직후 애인과의 격정적인 애정행위 도중에 전기장치를 통한 쾌락자극까지 강하게 주어져 핀처의 쾌락신경 중추인 측좌핵에 과부하가 걸렸기 때문이다. 핀처는 사랑으로 인한 쾌락과 승리로 인한 쾌락이 동시에 주어지는 바람에 퓨즈가 끊겨 목숨을 잃은 것이다.

달리기를 30분 정도 하다보면 숨이 가빠 오면서도 한편으로는 쾌적하고 좋은 느낌을 얻는 경우가 있다. 바로 '러너스 하이'(runner's high)라는 상태인데, 이는 뇌에서 스트레스와 고통을 완화하기 위해 스스로 아편과 같은 물질을 분비하기 때문이다. 뇌의 측좌핵은 충족감과 보상, 만족감 등을 담당하는 부위이다.

전기장치로 측좌핵을 자극하지 않더라도, 뇌에서는 스트레스와 고통 완화를 위해 스스로 아편 물질을 분비한다. 운동할 때 30분 정도 달리다 보면 기분이 좋아지는 현상인 '러너스 하이runner's high'가 바로 그 예이다. 러너스 하이를 느낀 사람은 그 충족감과 만족감으로 운동에 더욱 몰입하게 된다. 이처럼 보상을 담당하는 측좌핵 덕분에 우리는 애정, 성, 오락, 보호, 성취 등의 행동을 즐긴다. 측좌핵을 연구한 결과, 신경과학자들은 뇌 스스로가 동기를 유발시킴을 알게 되었다. 가장 대표적인 예가 바로 아이들의 끊임없는 호기심이다. 사실 학습을 위해서는 뭔가 하려는 욕구가 필수적인데, 다행히도 아이들의 뇌에서는 호기심이 본능적으로 솟아난다. 하지만 학습의 필수요건이자 촉진해야 할 요소인 호기심은 종종 무시되는 것이 다반사이다. "넌 무얼 그리 쓸데없는 것을 물어보니?", "너 할 일이나 잘해"와 같은 부모와 교사의 묵살은 어린이들의 호기심을 점차 빼앗아버린다. 실제로 학년이 높아지면서 아이들의 호기심이 줄어드는 걸 쉽게 목격할 수 있다.

뇌에서 아이의 동기유발 과정은 다음과 같다. 먼저 시상으로 들어온 정보에 대해 편도가 '하고 싶다(쾌 정서)'고 지각할 경우, 시상하부에서 본능적인 욕구가 생긴다. 동시에 피질에서 정보를 처리하고 측좌핵에서 도파민이 분비되어 뭔가를 하려는 의욕을 보인다. 이런 의욕을 받아 전두엽에서 '공부하자'는 판단을 하게 된다. 반면에 그 상황을 불쾌하거나 위협적으로 지각할 경우에는 무조건 그 상황을 회피하려 하고 정보를 제대로 처리하지 못하며 코르티솔이 과잉분비되어 학습과 기억이 어려워진다. 위 과정에 비추어볼 때, 동기유발을 위해서는 긍정적인 정서와 분위기가 중요함을 알 수 있다. 따라서 학습상황에서 부모나 교사의 역할은 아이가 어떤 정서를 느낄지 판단하고 쾌 정서를 유발할 학습 환경을 만들어야 한다.

뇌간, 변연계, 피질의 관계

좌뇌와 우뇌, 4개의 엽들과 마찬가지로, 파충류의 뇌, 포유동물의 뇌, 인간의 뇌도 각기 고유의 기능을 담당하는 동시에 상호보완적으로 작용한다. 파충류의 뇌는 생존을, 포유동물의 뇌는 원초정서를, 인간의 뇌는 고차적 사고와 조절을 담당하는 등 기능적으로는 고유한 영역으로 분리가 되어 있으나, 끊임없이 상호보완한다. 이들 세 부위가 서로 밀접하게 작용함을 강조해 맥린 박사는 '삼위일체이론'이라고 이름을 붙인 바 있다. 삼위일체이론에 따르면, 위협이나 공포상황에서는 고차적 사고를 하기 어렵고 생존지향적이게 된다. 이런 현상을 다운쉬프팅downshifting(위협, 공포 및 스트레스 상황에서 뇌가 고차적 기능을 수행하지 못하고 생존 지향적이게 되는 현상)이라 한다. 다운쉬프팅은 위협이나 공포에 대한 뇌의 반응이다.

아래 그림을 보면, 높은 도전감을 가진 뇌에서는 뇌간, 변연계, 피질에 혈액이 고루 공급되고 있을 뿐만 아니라, 피질에서도 어떤 한 부위만이 아니라 여러 부위에 걸쳐 혈액이 공급되고 있음을 알 수 있다. 반면에 불안, 위협, 공포 상태의 뇌에서는 뇌간을 중심으로 뇌의 아래 부분에 혈액이 밀집되어 있다. 즉 생존의 문제를 담당하는 파충류의 뇌가 과잉활성화가 된다. 생존 문제와 고차원적 사고는 동시에 병존하기 어렵다. 생명유지가 보다 절실하고 중요하기 때문이다. 그렇다면 한참 자라나는 아이들은 어떠한가? 안타깝게도 아이들에게는 공포나 위협적인 상황이 더 많을지 모른다. 친구나 선배의 협박, 왕따, 부모나 교사의 처벌이나 꾸중 등이 아이들에게는 모두 공포상황이다. 심지어 일상적인 수업에서도 아이들이 공포를 느낄 수 있다. 한 예로 예전에 교사들이 수업시간에 "오늘이 며칠이지?"하고 묻고 나서, '7번, 17번, 27번……' 순으로 아이들에게 질문을 던진 후

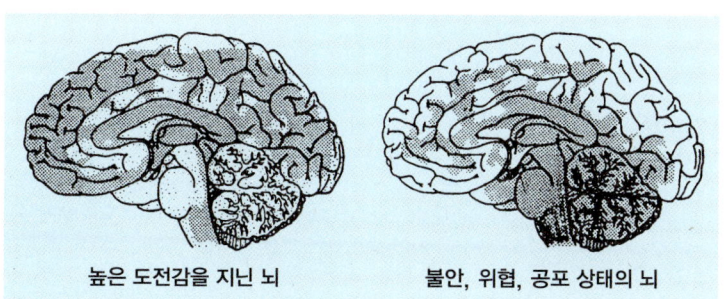

높은 도전감을 지닌 뇌   불안, 위협, 공포 상태의 뇌

그림에서 빗금친 부분은 뇌에서 혈액이 활발히 공급된 부위를 나타낸다. 혈액이 몰려 있다는 것은 그 부위의 작용이 활성화되고 있다는 증거이다. 높은 도전감을 지닌 뇌(왼쪽)는 뇌에 골고루 혈액이 퍼져 있다. 불안, 위협, 공포 상태에 놓인 뇌(오른쪽)는 혈액 분포가 뇌간에 몰려 있다. 뇌간은 생존에 관련된 신체 작용을 담당하는 부위이다.

"모르면 서 있어" 하던 장면을 생각해보자. 이런 강압적이고 친근감 없는 상황 역시 아이들에게는 공포상황이다. 얼핏 보기에 그런 방식의 수업이 효과적으로 보일지 모른다. 그러나 제시된 질문이 그다지 고차적 질문이 아니었음을 주목해야 한다. 물론 일부 연구에서는 위기상황일 경우 단순암기가 증가될 수 있음을 제시한 바 있다. 하지만 학습상황에서 우리가 촉진해야 하는 건 단순암기가 아니라 고차적 사고이다. 결국 '오늘도 무사히!' 하는 분위기에서는 고차적 사고를 계발하기 어렵다. 설사 교사가 아이들에게 분석, 종합, 평가처럼 고차적 수준의 질문을 제기한다 할지라도, 과도하게 긴장된 분위기에서는 아이가 제대로 대답하지 못한다는 사실을 명심하도록 하자. 이는 가정에서도 마찬가지다. 부모가 심한 부부싸움을 하거나 나무랄 경우, 아이는 공포나 위협, 자책감을 느낀다. 부모의 강하고 높은 목소리마저도 아이들에게 공포심을 유발한다. 가정이 아이의 생존기반이라는 점에서 아이는 무서운 가정을 능동적으로 피할 수도 없다. 따라서 불안정한 분위기를 조성하는 공포나 위협상황을 만들지 않는 부모의 배려가 적극 요구된다.

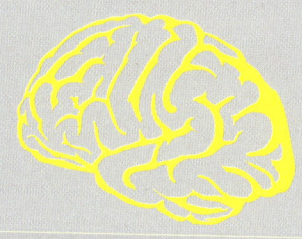

3부 · 뇌를 알고 가르치자

"아이가 관심 있어 하는 것을 북돋아주면
그것이 아이의 인생에서 가장 중요한 것이 될 것이다."

하워드 가드너 Howard Gardner
하버드 대학교 교육학과 교수

뇌 발달에서는 환경과 경험이 중요하다

태어날 무렵 아이의 뇌에는 이미 많은 신경구조가 자리 잡은 상태이다. 하지만 생후 몇 년간의 경험에 따라 아이의 뇌는 크게 변화한다. 즉, 아이의 뇌는 '학습'이라는 매우 적극적인 과정을 통해 필요한 시냅스는 생성하고 사용하지 않는 시냅스는 과감히 제거해나가며, 스스로를 새롭게 재구성해간다. 학습으로 변화된 뇌는 이후에 새로운 경험을 어떻게 처리할지에 영향을 준다. 뇌가 상당히 객관적이고 공정하다보니 좋은 경험들만 남기를 바라는 부모나 교사의 바람과는 달리, 많이 반복되는 경험과 관련된 신경 연결망만 지속적으로 남게 된다. 따라서 생애 초기의 긍정적인 학습 환경과 경험은 매우 중요하다.

영양의 공급

뇌의 구성성분을 살펴보면, 대략 물이 78퍼센트, 지방이 10퍼센트, 단백질이 8퍼센트를 차지한다. 많은 사람들이 단백질보다 지방의 구성비율이 높은 것에 놀랄 수도 있다. 우리가 흔히 듣는 말로 "호두의 모양이 뇌를 닮았기 때문에 호두를 먹으면 영리해질 것"이라고 말하는데, 사실은 비슷하게 생긴 모양 때문이 아니라 호두의 주요 구성성분인 지방이 뇌의 구성성분과 관련되기 때문이다. 이러한 뇌의 구성성분 비율에 비추어 보면, 뇌 발달에 수분, 지방, 단백질이 중요함을 짐작할 수 있다. 물론 이들 영양소 외에도, 뇌가 제대로 기능하려면 탄수화물과 미네랄, 각종 비타민도 필요하다. 따라서 신체적 성장뿐만 아니라 뇌 발달을 위해서도 5대 영양소를 고루 섭취해야 한다. 특히 탄수화물은 뇌의 에너지원으로서 중요한 역할을 한다.

뇌는 우리 몸에서 가장 많은 에너지를 소비하는 기관이다. 뇌의 무게는 전체 체중의 2퍼센트에 해당하지만 몸 전체에서 소모하는 에너지의 20퍼센트를 뇌에서 사용한다. 왼쪽의 사진은 성인의 몸에서 소모하는 에너지를 열 감지 카메라로 찍은 영상이다. 그림에서 빨갛게 나타난 부분이 에너지 소모가 가장 많은 부분으로 머리 부분이 가장 붉은 것으로 보아, 뇌에서 에너지 소모가 크다는 것을 알 수 있다. 뇌는 우리 몸의 대식가인 셈이다.

뇌의 엄청난 에너지 소모를 이해하기 위한 예로 원시생물인 멍게를 들 수 있다. 바다를 헤엄쳐다니는 어린 멍게에게는 원시적인 뇌라 할 만한 작은 신경뭉치가 있다. 그러나 멍게가 바위나 산호초에 정착해

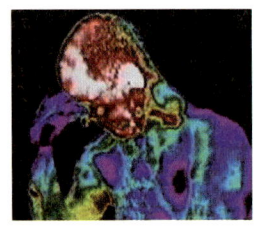

뇌는 우리 몸에서 사용되는 전체 에너지의 5분의 1을 사용하는 우리 몸의 대식가이다. 뇌에서 에너지 소모가 가장 많다는 사실은 아이들의 원활한 학습을 촉진하기 위해 풍부한 영양공급이 얼마나 중요한지 시사해준다.

서 살게 되어 움직일 필요가 없어지면 멍게는 자신의 뇌를 흡수해버린다. 별다른 신체활동이 없다보니 뇌가 특별히 해야 할 기능은 없어지는데, 그에 반해 에너지 소모는 제일 크기 때문에 멍게는 전략적으로 뇌를 흡수해버리는 것이다.

4-12세인 아이들의 뇌는 성인의 뇌가 소모하는 포도당의 225퍼센트가 필요하다. 성인의 2배에 달하는 에너지를 뇌에서 소모한다는 의미이다. 아동들의 뇌가 원활하게 작동할 수 있도록 양질의 충분한 영양을 공급해주는 일은 부모나 보육 교사들이 잊어서는 안 될 부분이다.

다시 아이들의 뇌 발달로 돌아오자. 그렇다면 한창인 아이들의 뇌는 얼마만큼의 에너지가 필요할까? 일반적으로 4~12세인 아이들의 뇌는 성인의 뇌가 소모하는 포도당의 225퍼센트가 필요하다. 거의 2배의 에너지를 소모한다는 이야기이다. 이는 아무리 좋은 자동차가 있더라도 휘발유가 없으면 작동하지 못하듯이, 영리한 뇌라 할지라도 풍부한 영양공급이 없다면 제대로 기능할 수 없음을 시사한다. 그럼에도 불구하고 요즘 아침을 거른 채로 등교하는 아이들이 많다. 아침을 거른 아이들은 적극적으로 학습활동에 참여하거나 집중하지 못한 채 오전 내내 멍하니 앉아 있게 된다.

풍요로운 경험

그동안 많은 학자들은 뇌를 컴퓨터에 비유했다. 그러나 최근 이런 비유가 많은 오류를 내포하고 있음이 밝혀졌다. 아이의 뇌 발달을 설명하다보면 오류는 더욱 명확해진다. 가령, 컴퓨터는 칩과 회로를 이용해 인간이 조립한다. 조립을 마친 후 인간이 컴퓨터를 켤 때에야 비로소 컴퓨터가 작동하기 시작한다. 작동 도중에는 이미 조립된 컴퓨터의 하드웨어가 변화될 수 없다. 만일 컴퓨터가 인간의 뇌처럼 작동한다고 가정할 경우, 컴퓨터를 켜서 많은 단어를 타이핑해 넣은 후 '뇌를 알면 아이가 보인다를 써라'라고 명령하면, 명령 이후의 작업들은 모두 컴퓨터가 알아서 할 것이다. 이때 컴퓨터가 인간과 같다면 시간이 흐른 후에는 컴퓨터가 조립 당시와 아주 다르게 배열되어 있을 것이다. 그러나 어떤 컴퓨터도 결코 그렇게 될 수 없다.

수동적으로 조립이 되며 스스로 재구성되지 못하는 컴퓨터와는 달리, 인간은 자신의 뇌를 구성하는 데 적극 관여한다. 이때 환경이 중요한 역할을 한다. 뇌 구성 과정에서 환경의 영향은 극적이고 독특해서 발달의 전반적인 방향뿐만 아니라, 직접적인 신경망 구성에도 영향을 준다. 세상의 모든 개인이 다른 경험을 하면서 살아간다는 점을 고려할 때, 지구상에 있는 어떠한 뇌도 그 신경망이 동일할 수는 없다. 각자의 독특한 뇌 연결패턴 즉, 배선도配線圖 덕분에 인간은 각자 고유한 개성을 지닌 인격체로 성장한다.

경험은 출생과 동시에 시작되는 것이 아니다. 호퍼Hofer 박사는 출생 전에도 뇌 발달이 감각과 동작의 영향을 크게 받는다고 말하고 있다. 가령, 태아가 만들어내는 태동은 태아 자신의 뇌 구성과정을 돕는다는 것이다. 해튼Hatten 박사 역시 태내 경험의 중요성을 지지한다. 그녀는 태내에서 뉴런이 교세포를 타고 피질로 올라가는데, 이때 어떤 것이든 그 이동과정을 방해하면 그 영향이 치명적일 것이라 말한다. 실제로 뉴런의 이동과정이 잘못되어 부적절한 시냅스가 형성되면, 심각한 영아간질, 자폐증 또는 정신분열증이 나타날 수 있다.

다른 종種에 비해 인간은 뇌가 미완성인 상태로 태어난다. 즉, 살아가면서 재구성되고 수정될 대략적인 설계도만을 가지고 태어나는 셈이다. 이처럼 뇌가 현재진행중인 작품이라는 점을 고려할 때, 생애 초기의 경험이 미치는 영향이 아주 중요함을 짐작할 수 있다.

어떤 연구결과에서는 생후 첫 해에 민감하고 따스한 보육을 받은 아이들은 웬만한 일에 스트레스를 잘 받지 않고 스트레스를 받더라도 잘 대처함을 보여주었다. 또한 그 영향은 아동기까지 계속되어 초등학생이 된 후에도 행동 장애 등의 문제가 없었다. 민감하고 따스한 보육환경에서 자랄 경우 아이의 뇌는 회복력이 높음을 시사해주는 결과이다. 이런 결과와는 반대로 조기에 안정적인 애착 관계 형성이 어려울 경우, 스트레스를 받을 때 분비되는 호르몬인 코르티솔 분비가 높아져 대사, 면역체계와 뇌에 부정적 영향을 주는 것이 관찰되었다. 실제로 만성적으로 코르티솔 분비가 높은 아이들은 보통 아이들에 비해 인지, 동작, 사회성 측면의 발달에 문제가 많았다. 어려서부터 방임되거나 정서적으로 무시당한 환경에서 자란 아이는 공감이나 애착을 형성하는 능력이 손상된다.

'의미 있는 타인'의 애착과 사랑

생애 초기의 교육에 있어 '의미 있는 타인' 즉, 부모나 교사는 아이의 뇌 형성에 아주 중요한 역할을 한다. 인간의 뇌 중 아주 많은 부분이 언어와 얼굴인식에 관여한다는 사실은 우리의 뇌가 다른 사람들을 통해 배우게 되어 있음을 말해준다. 진화사를 통해 인간의 뇌가 'social brain(사회적인 뇌)'으로 프로그램되었음을 실감케 하는 부분이다. 많은 연구결과에서는 아동의 경우 학습 능력과 동기가 강력하여 성인보다 사회적 상호작용을 통한 학습이 훨씬 더 용이한 것으로 나타났다. 아래의 그림은 보통의 뇌와 학대받은 뇌의 차이를 보여준다. 양쪽 뇌의 차이가 한눈에 들어올 것이다. 학대받은 뇌에서는 정서를 조절하는 전두엽과 언어나 기억을 담당하는 측두엽이 거의 활성화되지 않았음을 알 수 있다. 학대받은 경험이 있는 아동들의 경우 정서조절이 어려워 폭력에 연루될 수도 있고, 학습에도 어려움을 겪을 것이다. 그러면 이러한 변화가 나타나는 이유는 무엇일까? 크게 세 가지 요인으로 요약할 수 있다.

첫 번째 요인은 과도하고 만성적인 스트레스이다. 이들의 경우 가

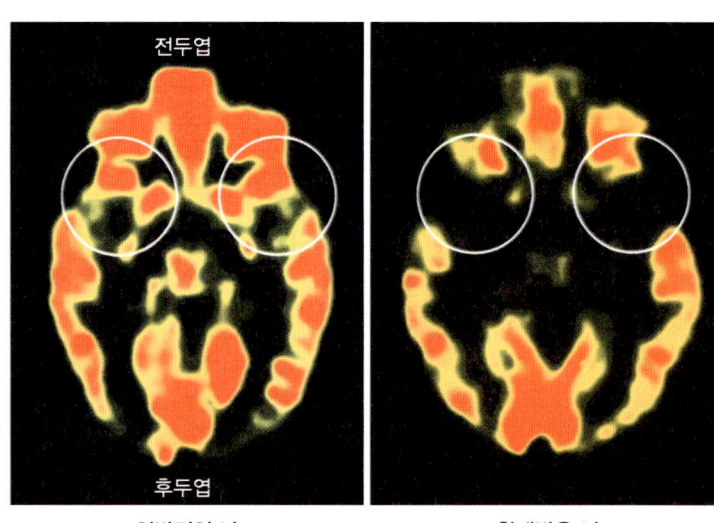

일반적인 뇌와 학대받은 뇌를 비교한 사진. 학대받은 뇌는 정서를 조절하는 전두엽과 언어 및 기억을 담당하는 측두엽이 거의 활성화되지 않음을 알 수 있다. 이는 정서적으로 안정된 환경에서 자라지 못할 경우 학습 저하나 행동 장애로 이어질 수 있음을 시사한다.

소성이 풍부한 시기에 일회적인 스트레스가 아닌 과도한 스트레스를 만성적으로 받았기 때문이다. 즉, 지속적이고 강도 높은 스트레스로 코르티솔이 과잉분비되어 전두엽 부위와 측두엽 부위가 손상되었다고 볼 수 있다. 특히 측두엽 아래에 단기기억에서 장기기억으로의 전환중추인 해마가 있다는 점을 기억하다면, 이들의 학습능력이 부진할 수밖에 없는 이유를 알게 된다. 안타까운 것은 우리 주변에서 볼 수 있는 일반 아동들도 최근에는 다양한 종류의 스트레스를 적지 않게 받고 있다는 점이다.

두 번째 요인은 따뜻한 상호작용 기회의 부족이다. 최근 많은 뇌 연구에서는 뇌 발달의 상호작용적 측면을 강조하여 'social brain(사회적인 뇌)'이라 부를 정도이다. 3개월 정도만 된 아기들도 누군가가 얼러주고 보듬어주면 좋아서 어쩔 줄 모른다. 그러나 요즘 같은 맞벌이가 증가하는 시대에 아동들은 보육자와의 지속적인 상호작용이나 눈맞춤의 기회가 부족하다. 현실적으로 직장에서 격무로 지친 엄마들이 집에 돌아왔을 때, 아이와 온전하게 따뜻한 상호작용을 할 겨를은 부족하다.

세 번째 요인은 스킨십의 부족이다. 스킨십의 중요성에 대해서는 해리 할로우Harry Harlow 박사의 천으로 만든 어미원숭이 실험을 통해 널리 알려진 바 있다. 할로우 박사는 한쪽에는 철사로 된 원숭이에 우유병을 매달아 놓고, 다른 쪽에는 우유는 없지만 포근하고 부드러운 천으로 감싼 원숭이를 두었다. 그 방에 새끼 원숭이를 두자 새끼 원숭이는 철사 어미 원숭이를 통해 우유를 빨리 먹고서는, 그 외의 시간은 천으로 만든 어미 원숭이 쪽에서 보냈다. 심지어 천이 있는 원숭이에

우유를 주는 철사로 만든 가짜 엄마원숭이보다 따뜻하고 포근한 천으로 만든 가짜 엄마원숭이를 더 좋아한다는 결과로 잘 알려진 해리 할로우 박사의 실험은 스킨십과 애정이 얼마나 중요한 영향을 미치는지에 대해 밝혀주었다.

매달린 채 철사로 된 원숭이에 있는 우유병을 빨기도 했다. 이는 따뜻한 스킨십이 얼마나 중요한지를 보여주는 대목이다. 호퍼 박사도 미숙아로 태어났으나 자주 안아주며 스킨십을 나눈 경우, 체중과 머리둘레가 보다 빨리 증가함을 관찰하였다. 스킨십의 중요성은 태내에서의 뇌 발달 과정을 통해서도 확인된다. 뇌와 피부는 모두 외배엽에서 형성된다는 점에서 이 둘은 발달관계상 형제관계라 할 수 있다. 실제로 기왕의 연구들에서 스킨십을 통해 뇌의 신경성장요소가 분비되고, 그로 인해 신경망 발달이 촉진됨을 제시한 바 있다. 안타깝게도 학대받은 아이들은 스킨십의 기회가 부족하다. 다행스러운 것은 비록 학대받은 뇌라 하더라도 추후 지속적이고 따스한 환경에서 보육된다면 상당부분 만회될 수 있다는 점이다. 단 따스한 환경은 일회적이 아니라 지속적이어야 한다. 이를 보면 뇌 발달 과정의 어느 시점에서든 조물주는 우리에게 기회의 창문을 열어주는 것 같다.

아이의 뇌 발달은
자궁에서부터 시작된다

2

뇌 발달 과정에서 태내에서의 10개월만큼 극적 변화가 일어나는 시기는 없는 듯하다. 무에서 유가 창조되는 시기가 아닌가? 필자는 태아의 뇌 발달을 생각할 때마다 우리 조상들의 지혜에 감탄하곤 한다. 그 예로 나이 셈을 들 수 있는데, 우리 조상들의 나이 셈은 서양의 나이 셈과 다르다. 우리 조상들은 아이의 나이를 가름할 때 태내에서 보낸 1년을 포함해 계산했다. 당연히 엄마 뱃속에서의 1년은 엄연한 교육의 시기였다. 조선 후기에 쓰인 『태교신기胎敎新記』에는 태교의 중요성과 방법이 자세히 기술되어 있다. 태아의 뇌 발달을 전혀 몰랐던 그 당시에 그런 통찰력이 있었다는 건 정말 대단한 일이다. 물론 과학적 근거가 부족한 부분도 다소 눈에 띄지만, 태아를 위한 섭생, 행동, 언어, 주의사항 등을 소개할 정도로 태아에게 관심을 가졌다는 점에서 현대인에게도 많은 시사점을 준다.

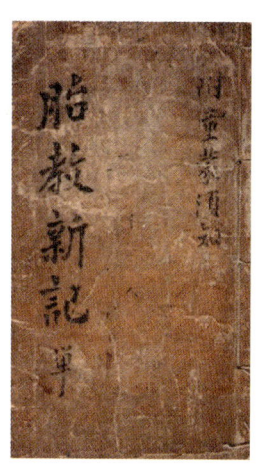

조선시대 영조 때 사주당 이씨의 부인이 쓴 『태교신기』. 이 책은 세계에 유래가 없는 정밀한 태교 지침서이다. 여성뿐만이 아니라 남성들이 지켜야 할 태교의 덕목들도 자세히 서술되어 있다. 총 10장으로 구성되었으며 태교의 이치에서부터 심신관리 사항, 가족들과 남편들의 올바른 태도, 실제 태교 사례 등 태교의 이론과 실제를 조목조목 아우르며 태교의 중요성을 체계적으로 논하고 있다.

10개월간의 태내발달 과정 중 기형발생 물질에 대한 민감기를 표시한 도표이다. 하늘색 부분은 기형발생 물질에 민감한 시기이고, 보라색 부분은 한층 더 민감한 시기이다. 다른 기관들은 대부분 민감기가 일정 기간으로 한정되어 있는 데 반해, 뇌를 포함한 중추신경계의 경우에는 착상이 이루어진 2주 후부터 임신기간 내내 기형발생물질에 민감함을 알 수 있다.

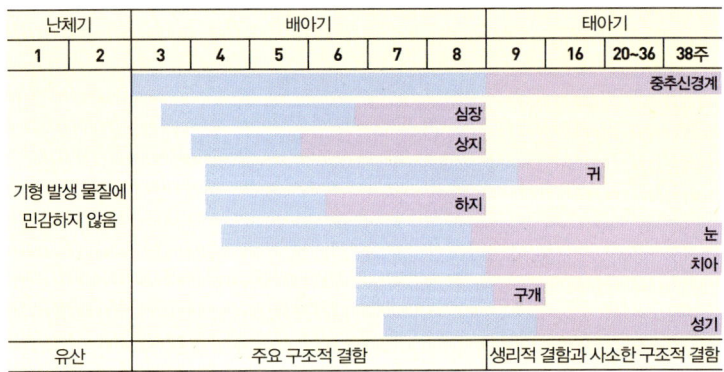

태내의 뇌 발달을 과학적으로 이해할 경우, 조상들의 지혜로운 태교 방법을 한층 더 보완·발전시킬 수 있을 것이다. 이를 위해 우선 수정에서 출생까지의 태아발달 과정을 살펴보기로 하자.

위의 그래프에는 1년간의 태내발달이 제시되어 있다. 그래프에서 하늘색 부분은 기형발생물질에 민감한 시기이고, 보라색 부분은 한층 더 민감한 시기이다. 다른 기관들은 대부분 민감기가 일정 기간으로 한정되어 있는 데 반해, 뇌를 포함한 중추신경계의 경우에는 착상이 이루어진 2주 후부터 임신기간 내내 기형발생물질에 민감함을 알 수 있다. 이는 태아의 건강한 뇌 발달을 위해 임신기간 내내 많은 관심이 요구됨을 시사한다.

태아기 뇌 발달의 특징

뇌 발달은 수정 직후부터 급격히 이루어진다

태내에서의 뇌 발달 전반기에는 뉴런의 생성과 이동이 주를 이루며, 임신 후반기가 되면서 뉴런의 제거, 시냅스와 수초 형성이 시작된다.

아래와 같이, 뇌 발달은 수정 직후부터 급속도로 이루어진다. 5~20주 사이에 초당 5~10만 개의 뉴런이 생성되어 4개월 무렵에는 약 2,000억 개에 이른다. 유전적 지시를 따라 성장속도가 조절되고 뉴런이 이동하여 여섯 층의 피질이 형성된다. 그래서 임신 후 25일이었을

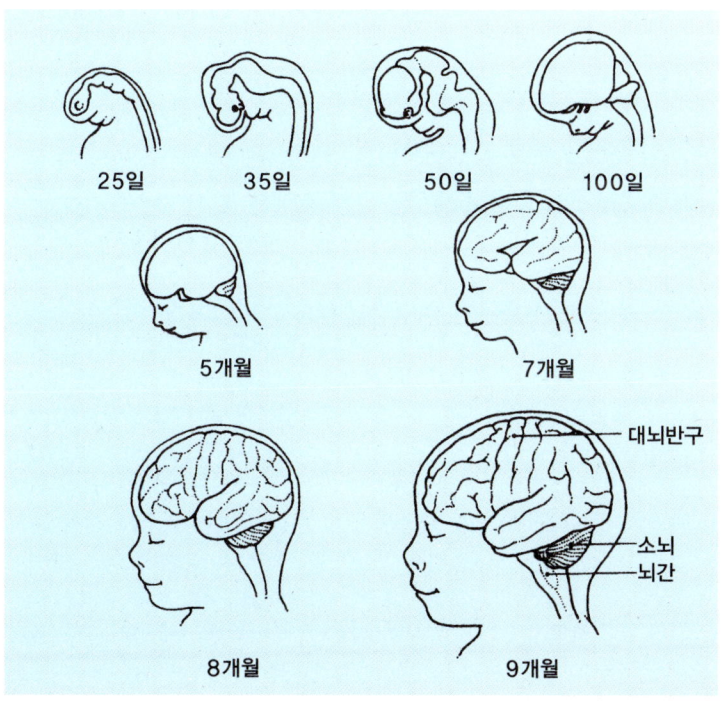

태내에서의 뇌 발달 과정을 간략히 묘사한 그림. 임신 후 25일(약 4주차)이었을 당시만 해도 단순한 호스 모양이었던 신경관은 출산 무렵에는 어엿한 뇌 모양을 갖추어 성장한다.

때만 해도 단지 호스 모양에 불과했던 신경관이 점차 인간의 뇌 모양새를 갖추게 된다.

뉴런이 어떻게 자리잡는가에 따라 아이의 뇌가 결정된다

신경관에서 세포분열을 통해 형성된 뉴런은 각기 독특한 기능을 수행하기 위해 여러 뇌 부위로 이동한다.

하지만 1980년대 초반까지도 과학자들은 태아의 뇌에서 뉴런의 기능과 위치가 미리 정해져 있을 것이라고 생각했다. 그러나 오늘날에 와서는 뉴런의 이동 자체가 뉴런의 정체감과 뇌 구조 형성에 중요함을 알게 되었다. 예를 들어 시각담당 뉴런이 처음부터 시각뉴런으로 생성되는 게 아니라, 후두엽으로 이동했기 때문에 시각뉴런이 됐다는 것이다. 실제로 뉴런은 교세포를 따라 상당한 거리를 이동하며, 정상적인 뇌 발달을 위해서는 뉴런이 제대로 이동해야 한다.

뉴런의 이동은 환경의 영향을 크게 받는다. 특정 화학물질로 인해 뉴런이 길을 잘못 가거나 이동을 멈출 수 있다. 이런 뉴런의 이동은 태아가 방사선, 영양부족, 약물남용에 민감한 이유를 말해주기도 한다. 뉴런이 적절한 시기에 적절한 곳에 정착하지 못하면 부적절한 시냅스가 형성되어 영아간질, 자폐증, 정신분열증이 발생할 수 있다. 독자들도 낯선 곳에서 버스를 잘못 타 엉뚱한 곳에 내린 후 무척 난감했던 적이 있었을 것이다. 이동과정에 문제가 있는 뉴런도 길을 잃고 난감했던 우리처럼 난감해지는 모양이다.

이동중인 뉴런은 다른 뉴런들과 만나게 되는데, 태내 환경에 따라 특정 유전자가 활성화될 수도 있고 그렇지 않을 수도 있다. 모든 태내 환경은 뉴런의 정착지와 기능에 영향을 주며 유전자가 뇌를 형성해가는 데 적극 개입한다. 발달 초기부터 뇌는 매우 사회적인 기관인 것이다. 우리는 뉴런의 이동과정을 통해 태내 뇌 발달의 위험요소와 취약시기를 알 수 있게 되었다. 가령, 수정 후 16일 뒤에 코카인이나 방사선에 접한 태아는 임신 후 4개월에 접한 태아보다 더 치명적이다. 그동안 많은 임신부들이 임신한 지 한참 후에야 임신했다는 사실을 알았다는 점을 고려하면, 조기 예비부모 교육이 절실히 요구됨을 알 수 있다.

뉴런이 일단 최종 목적지에 도달하면, 다른 뉴런들과의 교류를 위해 축색돌기와 수상돌기가 뻗어 나온다. 축색돌기는 화학적으로 잘 맞지 않는 뉴런들은 피하고 잘 맞는 뉴런들과 연결을 이어간다. 뉴런의 생존 여부는 전기신호의 지속성 여부에 따라 결정된다. 이미 너무 많은 뉴런이 생성된 상태여서, 제한된 공간에서 경쟁하다 진 축색돌기들이 제거되고 신호를 받지 못한 뉴런들도 제거된다. 5개월 무렵부터 다른 뉴런과 연결되지 못한 뉴런은 급격히 제거된다. 4개월 무렵 2,000억 개이던 뉴런이 출생 무렵 1,000억 개로 줄어듦에도 불구하고, 99쪽의 그림을 보면 뇌가 더 커진 것을 볼 수 있는데, 이는 뉴런의 성장, 시냅스 형성, 수초 형성 덕분이다. 일부 뉴런이 죽고 각자 독특한 뇌로 발달해 갈 무렵 성차와 기질 차가 나타난다. 뉴런의 제거는 정상적인 과정이며, 이 과정을 통해 적절한 뇌 기능을 방해할 잘못된 시냅스나 약한 시냅스도 제거된다. 물론 뉴런의 제거를 조절하지 못해 중요 기능을 담당하는 시냅스가 사라질 수도 있고, 자폐 서번트나 다운증후군이 발생할 수도 있다.

태아는 적극적으로 성장해가는 하나의 생명체이다

태내의 뇌 발달 과정을 단면도로 살펴보면, 뇌간, 변연계, 피질의 순서로 양파껍질처럼 쌓여감을 알 수 있다. 수정이 이루어지고 신경관이 형성된 후, 아랫부분은 척수로 윗부분은 뇌로 발달한다.

태내에서 좌뇌는 우뇌에 비해 발달이 느리기 때문에 순환하는 테스토스테론testosterone의 영향을 더 받게 된다. 이는 태내에서의 뇌 손상 연구에서 여자 태아에 비해 남자 태아가 서번트 증후군, 자폐증 및 기타 학습장애가 더 많은 이유를 말해주기도 한다(테스토스테론은 대표적인 남성호르몬이다).

6주 무렵부터는 뇌에 혈액이 공급된다. 이는 뇌가 활동하고 있음을 의미하며 태아의 뇌에 영양분이 필요함을 말해준다. 이후 태아의 뇌가 성장하면서 점차 더 많은 영양공급이 필요해진다. 수정 직후부터 뇌가 발달하기 시작하여 12주 무렵이 되면 뇌가 몸보다 큰 가분수 형태의 인간 형체를 갖추게 된다. 12주에 접어든 태아는 성인의 엄지손가락 위에 올려놓을 정도의 크기이다. 크기는 작지만 인간의 형태를 갖추고 있으며, 이 무렵 태아의 무게는 약 14그램이다.

이전의 태아는 양수에 떠 있는 수동적인 존재였으나, 점차 여러 자극에 반응하게 된다. 4개월 말쯤 임신부가 느끼는 태동을 통해서도 아이의 반응을 알 수 있다. 5개월 무렵이 되면 태아가 빨기, 삼키기, 딸꾹질 등을 시작한다. 6개월 무렵부터 태아의 성장 속도가 다소 완만해지고, 눈을 뜨고 감으며 모든 방향을 쳐다볼 정도로 눈 조절능력도 발달한다. 7개월이 되면, 울고 숨을 쉬고 엄지손가락을 빤다. 이 무렵 태어난 조산아는 생존할 수 있다.

호퍼 박사는 태아가 엄마의 자궁에 있기 때문에 엄마가 태아의 생리 상태를 조절한다고 말하고 있다. 심지어 태아의 생리뿐만 아니라, 행동에까지 영향을 준다는 증거도 제시하고 있다. 연구자들은 임신부의 일상적인 활동 덕분에 태아가 태내에서부터 일상적인 생활 리듬과 수면-기상 사이클을 익혀간다고 말할 정도이다.

뱃속의 아이를 위한 태교 지침

태아의 뇌 발달 관련 요인들로는 임신부의 영양, 정서, 질병, 흡연과 음주, 임신·분만시의 문제, 태아의 성별, 태교 등을 들 수 있다.

엄마가 튼튼해야 아기도 튼튼하다

임신 중 심각한 영양부족은 사산死産, 저체중아, 영아사망 등을 초래할 수 있다. 특히 임신부에게 아미노산이 부족할 경우 출생시 뉴런 수가 상당히 적은 것으로 나타났다. 배럿Barratt 박사는 영양실조에 걸린 제3세계 임신부가 낳은 영아의 뉴런이 서구 출신 영아의 40퍼센트밖에 안 됨을 발견했다. 특히 뉴런생성이 활발한 임신 후 8~13주와 시냅스 형성이 진행되는 28주 이후에는 충분한 영양공급이 필요하다.

그러나 극단적인 영양실조가 아닌 경우에는 태아에게 절대적인 영향을 미치는 것은 아니다. 임신부가 음식을 먹을 경우 영양분이 우선적으로 태아에게 공급되기 때문에 영양부족이 심각할 정도만 아니면, 태아에게 별 문제가 없는 것이다. 따라서 임신중 영양부족이 태아의 뇌 발달에 직접 치명적인 영향을 준다기보다 아이의 뇌 발달을 취약한 상태에 둔다고 보는 게 적절하다. 실제로 태내에서 영양실조에 걸렸던 아기들이 보통 출생 후에도 영양공급과 지적 자극이 부족한 환경에서 생활하는 것을 고려하면, 미숙한 뇌 발달을 태내의 영양문제만으로 보기는 어렵다. 따라서 영양부족으로 뇌 발달에 다소 문제가 있던 태아라 할지라도, 풍요로운 환경에서 자랄 경우에는 뇌 발달에 큰 문제가 없다. 이런 사실은 이후의 발달 과정이 정상적일 경우에는 자기교정self-correcting이 일어난다는 연구결과와도 일치한다. 부모들이 이런 이야기들을 들으면 다소 안도감이 들 것이다. 그래도 각 단계에서 최선을 다해주는 게 부모의 몫이다. 따라서 임신부는 영양이 태아의 뇌 구성과 밀접함을 명심하고, 뇌 구성에 기여하는 단백질과 식물성 지방을 비롯한 식품을 골고루 섭취해야 한다.

엄마의 마음이 아기의 마음이다

임신부가 심한 스트레스를 받거나 걱정할 때 분비된 호르몬은 태반을 지나 태아에게 영향을 준다. 가령, 임신부가 정서적 충격을 받을 때 태반으로의 영양공급이 중단되어 태아는 산소결핍, 심지어 사망에 이를 수도 있다. 산모가 스트레스를 효율적으로 관리하지 못할 경우 혈중 스트레스 호르몬(아드레날린, 코르티솔 등)이 범람해 태아의 스트레스 반응과 관련된 유전자가 제 기능을 할 수 없다. 스트레스를 잘 이겨내지 못하는 성인이 될 확률이 높아진다는 의미이다. 정서적 충격이 반복될 경우 태아의 신체발육에 부정적인 영향이 있으며 출생 후 잘 울며 잘 놀라는 등 정서불안을 보일 수도 있다. 임신부가 불

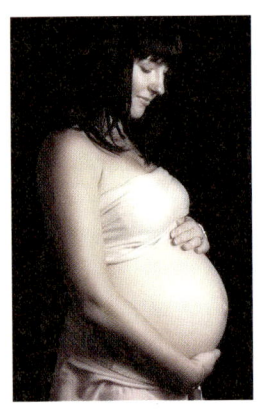

임신부가 심한 스트레스를 받거나 걱정할 때 분비된 호르몬은 태반을 지나 태아에게 영향을 준다. 따라서 임신한 산모는 효율적으로 스트레스를 관리하는 노력이 필요하다.

안한 정서 상태로 인해 음식을 멀리할 경우에는 영양부족까지 겹쳐 태아에게 미치는 영향이 치명적일 수 있다. 임신부의 정서 상태가 태아에게 미치는 영향에 대해서는 쥐 연구를 통해 밝혀진 바 있다. 임신한 쥐가 스트레스를 받을 경우 갓 태어난 새끼 쥐의 앞다리가 제대로 형성되지 않았다. 따라서 예비 아빠는 임신부가 스트레스를 받지 않도록 적극 배려하고, 임신부 역시 자신의 정서안정을 위해 노력해야 한다.

엄마의 올바른 생활습관이 아이에게 전달된다

임신부가 질병이 있을 경우, 태아의 뇌 발달에 영향을 준다. 즉, 임신부의 질병으로 인한 바이러스가 태반을 공격해 태아에게 필요한 영양분이 줄어들 수도 있고, 미세한 분자가 태반을 통과해 태아를 공격할 수도 있다. 가령, 에이즈에 감염된 태아는 특이할 정도로 작은 두개골과 얼굴 기형을 보이며, 임신 초기에 감염되었을 경우에는 그 영향이 더욱 심각하다.

흡연하는 임신부가 분만한 영아의 체중은 평균 이하이며, 전염병, 정신지체, 뇌성마비에 걸리기 쉬운 것으로도 알려졌다. 일련의 연구 결과에서 담배 연기의 니코틴이 태아의 뇌간에 영향을 주어 출생 전 태아사망이 일어날 수 있는 것으로도 나타났다. 음주의 양과 시기에 대해서는 아직도 논란이 많으며, 의사들마저도 임신중 음주에 대해 언제, 어느 정도까지가 안전한지 잘 모를 정도이다. 일반적으로 임신부가 음주를 하면, 태아도 음주를 하게 된다. 알코올이 탯줄을 통과해 태아에게 전달되기 때문이다. 아직 성숙하지 않은 태아의 경우, 성인

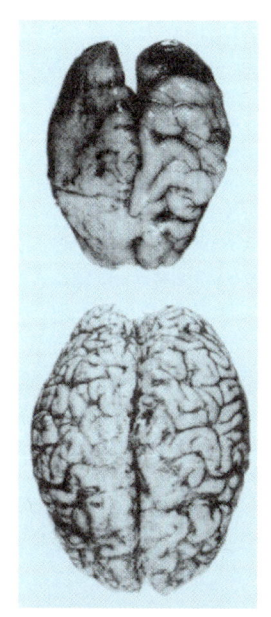

위는 임신중 과음을 한 임신부가 낳은 영아의 뇌이고, 아래는 정상적인 영아의 뇌이다. 알코올의 영향을 받은 영아의 뇌는 정상적인 영아의 뇌보다 뇌의 주름이 현저히 적고, 그 크기 또한 눈에 띄게 작은 편이다.

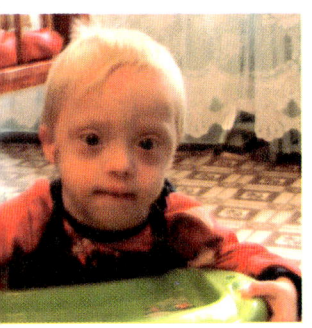

태아알코올증후군에 걸린 아이의 모습. 태아알코올증후군에 걸린 아동은 일반 아동에 비해 얇은 눈꺼풀, 넓은 미간, 얇은 윗입술과 같은 신체적 특징이 나타난다. 또한 단순히 신체적 차이뿐만 아니라, 행동, 언어학습, 시공간기능, 주의, 반응시간, 실행적 통제기능에도 문제를 가지고 태어난다. 임신중 산모의 올바른 생활습관(흡연이나 음주의 지양, 풍부한 영양의 섭취, 스트레스 피하기)은 태아를 위해 매우 중요한 부분이다.

에 비해 알코올 분해속도가 훨씬 더 느리다. 그러다보니 임신부에 비해 태아의 혈액에 알코올 수준이 훨씬 더 높아 태아의 술 취한 상태가 더 길어지기 마련이다. 105쪽의 사진은 정상적인 영아의 뇌와 임신중 과음한 임신부가 낳은 영아의 뇌이다. 연구자들은 알코올이 정상적인 뉴런의 발달을 방해하고, 뉴런의 제거는 촉진함을 발견했다. 임신중 음주로 인해 뉴런 제거가 과잉적으로 이뤄질 경우 뇌 크기가 작아지기도 한다. 산모의 음주로 태아의 신체적 발육이 저해되고 정신박약아, 미숙아, 기형아 등을 출산할 위험도 높아진다. 특히 산모가 과음할 경우 태아알코올증후군fetal alcohol syndrome인 아이가 태어날 수 있다. 태아알코올증후군이 있을 경우 태내에서 머리, 얼굴, 팔다리의 이상과 심장혈관의 결손이 우려된다. 태어난 이후에도 성장이 늦고 운동 장애나 지능 장애, 우울증과 행동 장애 등의 발생위험이 상대적으로 높다.

임신중 발생한 문제로 학습에 영향을 주는 뇌 장애도 나타날 수 있다. 임신부의 면역체계가 태아에게 영향을 주어 새로 형성된 뉴런이 자리를 잡지 못할 수도 있고, 뉴런의 이동과정 문제로 언어 및 사고에 필요한 신경망 형성에 문제가 생길 수도 있다. 임신부의 배 주변에 충격이 가해질 경우, 산소와 혈액공급이 급감해 뉴런이 죽을 수도 있다. 분만중 탯줄이 꼬이면, 일시적으로 뇌에 산소공급이 중단되어 뉴런이 손상되거나 죽어 학습 장애가 발생할 수 있다. 미숙아들의 경우 뇌 성장이 비정상이거나 백질이 손상되어, 한참 후까지도 언어, 정서, 행동을 담당하는 뇌 부위가 정상아보다 작을 수 있다.

최고의 학습 환경은 자연스러움이다

요즘 많은 임신부들은 태교를 통해 뭔가 직접적인 효과를 얻으려고 클래식을 듣고 외국어를 배우며 여러 가지 태교 프로그램에 참여하고 있다. 대부분 탁월한 재능을 지닌 아이가 태어나길 기대하며 프로그램에 참여할 것이다. 그러나 그런 기대는 부모들의 희망일 뿐이다. 임신부가 태교를 위해 좋아하지도 않는 음악이나 책에 억지로 매달려 있는 등 뭔가 '특별한 걸' 하려고 부담을 갖는 것보다 마음을 편히 갖는 게 더 중요하다. 임신부는 자신이 좋아하는 노래를 듣거나 부르고 좋아하는 책을 보면 된다. 집안에서 적당한 운동을 하거나 숲이 우거진 공원을 산책하는 것도 유익하다. 엄마가 편안할 때에야 비로소 태아도 정서적으로 안정된다.

5개월 이후 태아가 소리를 들을 수 있다는 점을 고려하면, 태아와 조용히 대화하거나 좋아하는 노래를 흥얼거리는 것도 유익하다. 그렇다고 해서 태아의 학습을 위해 임신부의 배에 녹음한 영어나 한글 단어를 들려줄 필요는 없다. 실제로 임신부의 배에 녹음한 단어를 5개월간 들려준 한 실험연구에서는 아무 효과가 없는 것으로 나타났다. 태아가 경험하는 대부분의 청각자극은 엄마의 성대, 장腸의 움직임, 심장 뛰는 소리처럼 진동을 통해 전달될 때 효과적이다. 그러다보니 태아는 엄마의 조용한 말이나 흥얼거림에 안정감을 느낄 수 있다. 이때 태아는 엄마가 말하는 내용이 아니라 리듬에 반응한다.

직장여성의 태교-태아는 엄마에게 조절되어 간다

태교에 가장 부담을 느끼는 건 바로 직장여성일 것이다. '남들은 태교를 하는데, 난 스트레스를 받으며 일이나 하고 있으니' 하는 생각이 임신한 직장여성들을 부담스럽게 한다. 하지만 필자는 임신부라 할지라도 업무로 인해 과도한 스트레스를 받지 않는다면, '남다른 태교'에 전념하기 위해 직장을 그만둘 필요가 없다고 생각한다. 오히려 아이를 갖고도 계속 일할 수 있다는 자부심으로 즐겁게 일하는 게 더 나을 수 있다. 태아가 엄마에게 조절되어 간다고 말한 호퍼 박사의 말처럼, 임신부가 일하느라 규칙적이고 부지런한 생활패턴을 유지하다 보면 태아 역시 자연스럽게 임신부의 부지런한 사이클에 길들여질 것이기 때문이다.

태내에서 남녀의 뇌 발달 차이

남아의 학습곤란 비율은 여아의 2배 이상이고, 난독증과 자폐증은 4배나 많다. 같은 미숙아라 하더라도 소년의 뇌가 소녀의 뇌에 비해 피해가 더 심각하다. 도대체 왜 이런 성차가 나타나는가? 이에 대해 연구자들은 몇 가지 이유를 들고 있다. 그중 뇌와 관련된 연구결과를 살펴보면, 일부 신경과학자들은 임신부의 면역체계가 여자 태아에 비해 남자 태아에게 이물반응을 더 일으키기 때문이라 본다. 그로 인해 태내 환경에 문제가 생기는데, 이때 태아의 뇌가 손상되어 뇌 장애가 발생할 수 있다. 그런가 하면 일부 연구자들은 임신 후반기에 테스토스테론의 영향으로 남자 태아의 좌반구 발달이 늦어질 거라 주장한다. 여아의 경우에는 테스토스테론의 영향을 받지 않아 정상으로 자라 임신과 출생시의 스트레스를 잘 다루게 된다.

아기는 온몸으로 세상을 탐구한다 3

영아infant는 '말을 못하는'이라는 의미를 지닌 라틴어 'infans'에서 유래한 말로 보통 0~2세의 아동을 의미한다. 영아기는 감각운동을 통해 세상을 알아가는 시기로, 영아의 이러한 특징을 강조해 일찍이 발달심리학자 피아제는 영아기를 '감각운동단계'로 부른 바 있다. 여기에서는 4엽의 기초공사가 이루어지고 시냅스가 급속도로 증가하여 뇌의 무게가 급증하는 시기가 0~3세라는 점을 고려해, 0~2세를 영아기로 보는 일반의 관례 대신, 0~3세를 영아의 범주로 묶어 설명하려고 한다.

영아기 뇌 발달의 특징

아이가 태어나서 성장하는 동안 보이는 다양한 능력의 발달 곡선은 피질부위의 발달순서와 일치한다. 그 결과, 생후 1개월 무렵에는 감각동작피질(두정엽 일부와 전두엽 일부)에서 집중적인 활동이 이루어졌고, 생후 3개월에는 측두엽과 후두엽의 발달이, 8개월 무렵에는 전두엽의 활동이 증가하였다.

생후 3년간은 아이의 뇌가 폭발적으로 성장하는 시기이다

갓 태어난 신생아의 뉴런들은 미숙하고, 축색돌기를 보호해주는 수초 역시 부족하다. 뉴런과 뉴런 사이의 연결 틈새인 시냅스도 그리 많지 않은 상태이다. 그럼에도 불구하고 신생아들은 자신이 태내에서 들은 소리를 기억할 수 있으며, 후각기억도 가지고 있다. 예를 들어 울고 있는 신생아에게 태내의 소리를 녹음해 들려주면 조용히 잠이 든다. 그리고 엄마의 양수를 코에 가까이 댈 경우 엄마의 양수냄새를 알아차리고 입맛을 다시기도 한다. 심지어 대부분의 신생아가 엄마의 양수와 다른 사람의 양수냄새를 구분할 정도이다. 이 시기에 활발하게 활동하는 뇌 부위는 대뇌피질이 아닌 뇌간과 일부 변연계와 같이 생존 문제와 관련된 부위들이다. 나머지 변연계와 피질의 발달은 출생 이후 점차 활발히 이루어지지만 갓 태어난 신생아의 뇌간은 이미 상당히 발달한 상태라서 심장박동, 혈압, 호흡을 완벽히 조절한다. 변연계 중에서도 생존과 밀접한 편도 역시 출생할 당시부터 상당히 발달한 상태이다.

또한 출생 직후 아기의 뇌 무게는 성인 뇌의 25퍼센트인 350그램 정도지만, 생후 1년 만에 1,000그램(1킬로그램)에 이르게 된다. 이후 생후 3년간 꾸준히 뇌 무게는 증가한다. 이 무렵 뇌 무게의 급격한 증가는 4엽에서 이루어지는 물리적 기초공사와 관련된다. 그러다보니 이즈음 특정 감각이 박탈될 경우 그 감각을 담당하는 엽의 시냅스(신경망)가 제대로 형성되지 못한다. 실제로 수정체가 혼탁해져 앞을 제대로 못 보는 상태인 선천성 백내장에 걸린 아이들을 연구한 결과, 1년 후 백내장 수술을 하여 백내장을 제거하여도 제대로 사물을 보지 못했다. 눈을 통해 입력되는 시각신호를 대뇌피질로 받아들여 정보처리를 하는 시냅스가 0~1세의 민감한 시기에 형성이 되지 않았기 때문이다.

따라서 영아기에는 특정 감각에만 편중된 활동보다 4엽을 고루 자극할 수 있는 다양한 활동이 필요하다. 그런 사실을 고려할 때 한글카드만을 계속 보여준다든지, 클래식 음악만을 계속 들려주는 것보다는 오감을 고루 활용하는 활동이 필수적이다. 그렇다고 부모들이 이런 제안을 너무 기계적으로 해석하여 특별히 부담을 느낄 필요는 없다. 이유인즉 영아들의 부산한 행동 자체를 관찰해보면 아이들이 스스로 얼마나 오감을 고루 활용하는지 알 수 있기 때문이다. 마치 그들이 자신의 뇌를 발달시키는 방법을 알고나 있는 것처럼 말이다.

활발한 탐색 활동은 지적 능력과 공간감각 능력을 발달시킨다

생후 1개월 무렵부터는 감각동작피질이 집중적으로 발달해 감각동작운동을 통한 지적 발달의 기반이 마련된다. 이후 아이가 손에 닿는 생후 1개월 무렵부터 아이들의 감각동작피질이 집중적으로 발달한다. 그 후 아이들은 손에 닿는 물건들은 모두 입으로 가져가 질감을 익힌다. 또한 7개월 정도가 지나면 기어다니는 동작 등을 통해 주변을 탐색하고, 팔다리의 움직임을 발달시킨다. 이때 뇌에서는 동작운동피질과 뇌량이 적극적으로 발달하게 된다.

모든 것을 입에 가져가는 것은 이와 무관하지 않다. 어쩌면 아이는 먹기 위함이 아니라 촉각 수용기가 많은 입술을 통해 물건을 느끼려는 것일지도 모른다.

7개월 무렵이 되면 기어다니게 되는데, 아이가 기어다닐 때는 팔다리의 균형 및 교차적 동작이 요구되기 때문에 동작피질과 뇌량이 발달하게 된다. 상황이 이러하니 무언가를 찾아 열심히 기어다니는 아이를 붙잡아 한글이나 영어 카드를 보여주는 일이 얼마나 부질없는 일인가? 그런 식으로 아이의 자율성을 차단하여 부담스러운 인지 과제를 주어 좌절감을 주는 것보다는 자유로이 기어다니면서 자율성과 감각동작피질, 뇌량을 개발하고 아이가 즐겁게 학습할 수 있도록 배려해주는 것이 더욱 효과적일 것이다.

측두엽의 발달은 청각 능력과 연결된다

3~4개월 무렵 측두엽에서는 시냅스 성장과 수초형성이 활발해져

생후 1년까지 계속된다. 물론 청각은 7~10세까지 계속 발달하는 능력이지만, 첫해의 청각발달은 언어발달의 기반이 되는 소리변별 능력을 키우고 다른 사람과의 의사소통에 흥미를 갖게 만들어준다는 점에서 중요한 의미를 가진다. 이때 부모들은 소음이 청각발달에 피해를 준다는 사실을 명심하고 텔레비전 소리 등 주변 소음들을 수시로 체크해야 한다. 아이들이 즐겨보는 많은 TV 프로그램들의 소리가 아이의 뇌에는 지나치게 큰 자극을 줄 수도 있다. 큰 소리에 길들여진 아이들은 훗날 학교에서 수업시간이나 대화를 위해 정보를 경청해야 할 때 어려움을 겪게 된다. 오히려 자장가, 노래, 정감어린 말들이 영아를 진지한 경청자로 만들 수 있음을 명심하자.

후두엽의 발달은 시각 능력과 연결된다

후두엽 역시 측두엽과 마찬가지로 3~4개월 무렵 활발한 성장을 하기 시작하여 생후 1년까지 이어진다. 이 무렵의 후두엽이 보여주는 가소성을 이해하기 위해 앞에서 설명했던 선천성 백내장 아동들에 대한 휴벨Hubel과 위젤Wisel 박사의 연구를 다시 떠올려보자. 연구자들은 1세 무렵 선천성 백내장을 수술한 아이들이 백내장을 제거했음에도 불구하고 여전히 볼 수 없다는 사실에 의문을 가졌다. 그래서 이들은 인간의 2개월에 해당하는 새끼 고양이의 한쪽 눈을 가렸다가 인간의 1년에 해당될 무렵 눈의 가리개를 제거해 그 결과를 관찰했다. 연구결과 초기에 눈을 가린 새끼 고양이들은 이후 더 이상 볼 수 없었다. 그러나 인간의 1년에 해당되는 시점에 눈을 가렸을 때에는 그런 영향이 나타나지 않고 계속해서 잘 볼 수 있었다.

이 연구를 기반으로 안과 의사들은 선천성 백내장인 아이는 출생한 직후 백내장 제거 수술을 하였고, 그로 인해 생애 초기의 시각 경험이 뇌에 도달해 맹인이 되는 걸 예방할 수 있었다. 이 연구는 선천성 백내장이 있는 영아들에게 말할 나위 없이 좋은 정보지만, 자녀교육에 적용할 때에는 심사숙고하여 해석해야 한다. 고양이 실험에서 특정 시기에 눈을 아예 가려버린 것처럼 완전히 차단된 박탈환경에서 생활하는 영아는 거의 없다. 사실 영아에게는 집안 구석구석을 탐색하고 가족과 상호작용하는 것만으로 후두엽이 발달하는 데 충분한 자극이 된다. 더구나 교육에 관한 한 결정적 시기crytical period라는 말보다 민감기sensitive period라는 말이 더 적절하다. 가장 적절한 시기에 경험을 하는 것이 제일 효과적이지만, 다소 늦더라도 해당 기능이 아예 사라지는 것은 아니며 이후에도 상당수 회복이 가능하기 때문이다.

전두엽의 발달을 위해서는 따스한 분위기가 중요하다

아이의 전두엽 활동이 증가하는 8개월 무렵에는 보육자의 역할이 중요해진다. 아이는 아직 말을 하지는 못하지만, 정감 어린 말(투), 따뜻한 눈빛, 포옹 등과 같은 행동들을 통해 보육자와 애착을 형성하게 된다. 아이가 보육자와 강한 애착이 형성될 경우 전두엽 부위는 보다 활발하게 활성화된다. 따라서 보육자들은 영아의 정서적 신호에 적절히 반응하여 영아의 자기조절 능력 계발을 지원해야 한다.

생후 8개월 무렵에는 아기의 전두엽 부위의 활동이 증가한다. 이때 부모와의 애착관계 형성이 중요하다. 보육자와 강한 애착관계가 형성될 때 전두엽 부위는 보다 안정된 분위기 속에서 활성화되고 발달하게 된다.

영아기의 아이를 위한 양육 지침

학습용 비디오라 할지라도 과도한 시청은 부작용을 부른다

　2~3세 되는 무렵이 되면 아이가 한 편의 비디오를 수백 번씩 보겠다고 조르곤 한다. 아이를 길러본 대부분의 부모들이 그런 경험을 했을 것이다. 이는 아이의 학습욕구가 대단함을 말해주는 반증이다. 일반적으로 어른들은 선행경험이 풍부하기 때문에 시청각 자료들을 한 번만 봐도 바로 기억할 수 있다. 그러나 선행경험이 없는 아이들로서는 한 편의 내용을 온전히 익히기 위해서는 여러 번의 반복이 필요하다. 그런데 아이 스스로 그렇게 자꾸 보여달라고 하니 얼마나 다행스러운 일인가? 아이들은 스스로 학습대상을 찾을 줄 알며, 학습한 이후에는 그간 학습대상이던 것을 무시하고 새로운 대상을 학습하고자 한다. 아이들은 타고난 학습자이자 모험가임이 분명하다.

　그런데 이 과정에서 부모의 판단이 중요하다. 아이가 평균 이상으로 비디오를 자꾸 보여달라고 할 때 대부분의 경우 비디오를 계속 보게 내버려둔다. 학습용 교재로서 아이를 시청각적으로 풍부하게 자극

장시간의 TV·비디오 시청은 뇌의 고른 발달도 저해한다. TV·비디오 보기는 오감 중 시각과 청각만을 자극한다. 0~3세에 시냅스 형성이 활발하게 이루어지고, 4엽의 물리적 공사가 이루어져 뇌의 무게가 급격히 증가하는 시기라는 것을 떠올린다면 균형 잡힌 뇌 발달을 위해 시각과 청각만이 아니라 오감을 두루 자극해야 한다.

해줄 것이라는 판단에 아이의 욕구까지 있으니 비디오 시청을 허락한다. 또 하나는 지극히 부모의 편의를 위한 태도인데 비디오에 집중하고 있는 동안에는 아이가 말썽을 피우지 않아 부모로서는 한숨 돌릴 여유와 편안함을 얻을 수 있기 때문이다. 그러나 이는 굉장히 위험한 행동이다. 아이가 비디오만 계속 볼 경우, 음소의 변별이 어려워진다. 이는 아이의 뇌가 단어에 의미를 부여하기 위해서는 인간과의 실제적인 상호작용이 필요하기 때문이다. 게다가 비디오에서 들리는 말은 부모가 아이에게 사용하는 느리고 표현이 풍부한 말과 매우 다르다. 또한 비디오를 시청하는 동안에는 동공이 확대되지 않으며, 화면을 수동적으로 응시하기 때문에 우리의 예상과는 다르게 시각체계가 제대로 자극을 받지 못해 훗날 읽기에서 어려움을 겪을 수도 있다. 더욱이 TV 화면의 파장은 야외에서 물체를 볼 때보다 아주 좁은 편이기 때문에 수정체와 망막에 피해를 준다.

뿐만 아니다. 대체로 TV·비디오의 영상물들은 화면의 전환이 빠르기 때문에 뇌의 고차적 사고를 담당하는 전두엽에서 영상을 처리할 시간이 없다. 아이는 이전 화면에서 본 의미나 심상을 형성하려다 보면 다음 화면을 자꾸 놓치게 되니, 결과적으로 TV 화면을 보고 있는 동안에는 의미나 심상 형성 과정을 생략한다. 그런 과정이 반복되면서 그렇게 적극적이던 아이들의 의미나 심상 형성 능력이 점차 사라지게 된다. 이는 훗날 정보를 대충 처리하는 방식으로 이어져 학습곤란의 지름길이 된다. 우리가 TV를 바보상자라 부르는 것은 바로 이런 이유에서이다. 장시간의 TV·비디오 시청은 뇌의 고른 발달도 저해한다. TV·비디오 보기는 오감 중 시각과 청각만을 자극한다. 0~3세에 시냅스 형성이 활발하게 이루어지고, 4엽의 물리적 공사가 이루어져 뇌의 무게가 급격히 증가하는 시기라는 것을 떠올린다면 균형 잡힌 뇌 발달을 위해 시각과 청각만이 아니라 오감을 두루 자극해야 한다. 풍부한 뇌의 가소성은 우리에게 무한한 기회를 주는 반면, 무거운 책임도 부과한다는 사실을 잊지 말자.

'풍요로운 경험'은 아이의 눈높이에서 이루어져야 효과적이다

2세 무렵 영아의 시냅스 수는 성인 수준에 이르고, 3세 무렵에는 1,000조 개에 이른다. 이처럼 시냅스 형성이 뇌 발달의 주를 이루는 영아기에는 시냅스 형성과 유지를 위해 충분한 영양공급과 풍요로운 경험이 필수적이다. 이때 명심할 것은 어른의 시각에서가 아니라 아이의 입장에서 '풍요로운 경험'으로 받아들일 수 있는 경험들이어야 한다는 점이다. 0~3세 무렵에 필요한 '풍요로운 경험'을 어른의 입장에서 자의적으로 해석해 남용할 경우, 영아의 뇌 발달에 득보다 실이 많다. 그럼에도 불구하고 '풍요로운 경험'을 왜곡하여 남용하고 있는 사례가 비일비재하다. 미국의 신경학자 존 브루어는 그 이유로 세 가지를 들고 있다.

첫째, 생후 3년간 대부분의 시냅스가 형성된다는 사실과 시냅스가 많을수록 더 영리하다는 편견 때문이다. 시냅스 수와 지능 사이에 직선적인 비례 관계가 있다고 보는 것은 그릇된 오해이다. 물론 다운증후군 같은 선천선 지능 장애의 경우에는 시냅스 밀도가 현저히 낮은 것이 사실이다. 그러나 시냅스의 가지치기는 뇌 성숙과정의 일부로, 정상적이고 불가피하며 유익한 과정이다. 시냅스는 다다익선多多益善

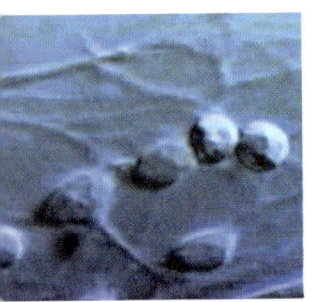
아이의 뇌에서 시냅스가 형성되는 모습

이 아니다.

둘째, 생후 3년간의 환경자극만이 시냅스 형성의 주요 요소라고 생각하기 때문이다. 그러나 일부 연구자들에 따르면 시냅스 형성에 중요한 영향을 미치는 것은 환경자극이라기보다 유전적 요인과 발달이라는 견해가 발표되고 있다. 생후 3주 된 원숭이에게 집중적인 시각자극을 할 경우 후두엽의 시냅스 성장이 촉진되는지에 대한 연구에서, 보통의 환경에서 자란 원숭이와 집중적인 자극을 받은 원숭이의 후두엽에 별 차이가 없었다. 필자 개인의 생각을 우스갯소리로 덧붙이자면 훈련받는 동안 그 원숭이는 자신이 하고 싶은 것을 하지 못하고 발달수준에 맞지 않는 일들을 수행하느라 별로 유쾌하지 않은 기분이었을 것이다. 우리 아이들도 마찬가지 아닐까.

셋째, 시냅스 형성이 급속도로 진행되는 시기가 기초학습기능을 형성하는 최적기이고, 그 기간이 끝난 이후에는 기초학습기능 형성이 매우 어렵다고 보기 때문이다. 우리의 편견과는 달리 엄청난 속도의 시냅스 형성이 끝난 후에도 시냅스 형성의 기능과 행동은 계속 향상된다. 뿐만 아니라 시냅스 밀도의 안정기인 아동기와 사춘기는 오히려 영유아기보다 엄청난 학습과 행동변화가 이루어지는 시기로 언어, 수학 및 논리가 현저히 발달한다.

이에 대한 이해를 돕기 위해 119쪽의 그래프를 잠깐 살펴보기로 하자. 실선은 뇌의 대사량을 나타낸다. 높은 대사량은 많은 시냅스 수와 관련된다. 한편, 점선은 주어진 과제에 성공하는 데 필요한 시도 수이다. 목표에 도달하기 위해 더 많이 시도해야 한다는 말은 곧 학습이 어렵고 비효율적임을 의미한다. 학습 능력이 꾸준히 향상된 것은 신체의 성숙과 더불어 전두엽의 포도당 대사가 안정된 10세 이후인 것으로 나타났다. 즉, 연령이 증가하면서 뇌 대사량은 급격히 감소하지만, 과제수행 능력은 크게 증가된다는 것이다.

부모들은 영아의 뇌 발달이나 행복을 위해 뇌 가소성이 가지는 특징과 풍요로운 경험이 의미하는 바를 정확히 이해하고 보육에 임해야 한다. 오랫동안 유아교육에서는 감각교육의 중요성을 강조해왔다. 감각교육을 뇌 연구결과와 관련지어 살펴본다면, 어떤 물체에 하나의 감각으로 접근할 때보다 오감을 통해 학습할 때 4개의 엽이 고루 발

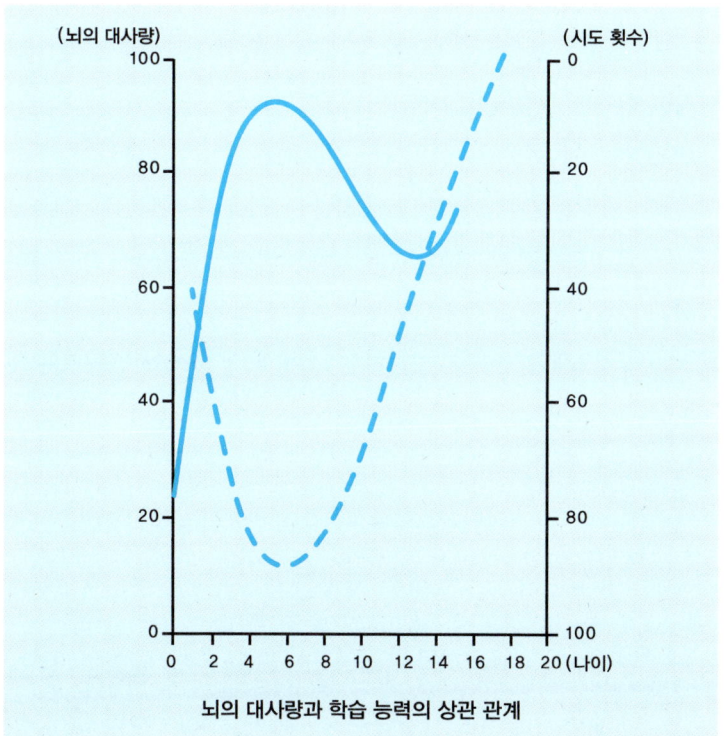

뇌의 대사량과 학습 능력의 상관 관계

달하기 때문이다. 흥미롭게도 아이들은 누가 가르쳐주지 않아도 스스로 오감으로 사물에 접하려 한다. 그래서 이 무렵 아이들은 신발을 만져보고, 잡아당겨보고, 빨아보며, 냄새를 맡아본다. 어른들의 눈에 더러워 보이는 모든 사물에도 오감을 총동원하여 접근한다. 부모들이 제공한 인위적인 교구보다 아이들 스스로 탐색하는 활동 자체가 오감 활용에 더 적절할 수 있다는 말이다.

말썽꾸러기의 뇌를 기죽이지 말자

출생 후 뉴런 수는 감소하지만 시냅스와 수초가 급속도로 형성되면서 뇌의 무게가 현저히 증가한다. 그렇다면 시냅스와 수초 형성이 일어나는 원인은 무엇일까? 이러한 뇌 발달은 마치 유전적으로 프로그램된 것처럼 이루어지지만, 영아의 적극적인 관심과 노력 또한 큰 몫을 한다. 이것저것 탐색하고, 냄새를 맡고, 맛을 보는 영아의 모든 활동이 시냅스 형성에 기여한다. 아기들은 적극적인 호기심으로 다양한 자극을 경험하면서 자기만의 독특한 뇌를 만들어간다. 영아기에 4엽의 기초공사가 이루어짐을 감안하면, 어떤 특정 기능 하나를 집중적으로 가르치는 것보다 자유로운 탐색이 뇌 발달에 훨씬 더 적절할 것임을 짐작할 수 있다.

아이들이 자신의 뇌 발달을 위해 자유로이 탐색하는 것이 부모들에게는 자칫 '말썽'으로 비치게 된다. 그러다보니 부모들은 자신도 모르게 "하지 마!" "안 돼!"라는 말들을 자주 하게 되는데, 아동들에게는 그리 좋지 않은 피드백이다. 이는 아이의 자율성을 차단하며, 대안을 제시하지 못하기 때문이다. 영아기에 반복적으로 자율성이 차단될 경우 유

아이들이 자신의 뇌 발달을 위해 자유롭게 탐색하는 행동들이 어른들의 눈에는 '말썽'으로 비치기도 한다. 그러다보니 부모들은 자신도 모르게 "하지 마", "안 돼"와 같은 부정적인 피드백을 자주 하게 되는데, 이는 아동들의 자율성을 차단하며, 대안을 제시하지 못하는 반응이므로 지양해야 한다.

아기가 되었을 때 주체성과 주도성이 길러지기 어렵다. "하지 마"라는 말을 자주 들은 아기는 은연중에 '내가 하는 일은 별 볼일 없구나'라는 생각을 하게 된다. 대안을 제시하지 않는 것도 발달중인 아이의 뇌에 부정적 영향을 준다. 자신의 말이나 행동이 거부당했을 때 뭘 해야 할지에 대한 대안이 없으면 아이가 당황스러워한다. 아이들은 이때 무의식적으로 부모의 말이나 행동을 대안으로 택하게 된다.

요즈음 많은 부모들은 오감으로 주변을 탐색하려는 아이들에게 이것저것 가르치려 한다. 부모들의 이런 욕심은 아이의 뇌 발달에 역행하는 결과를 유발한다. 첫째, 아이는 스스로 하고 싶은 걸 못해 자율감이나 성취감을 느끼지 못한다. 둘째, 아이는 하고 싶은 것을 저지당한 상태에서 원치 않는 것을 해야 하기 때문에 좌절감을 맛본다. 더욱이 부모가 원하는 게 아이의 발달 단계에 맞지 않을 경우에는 자꾸 실패하게 되어 좌절감이 더 클 수도 있다. 적절한 좌절은 좌절 내성을 길러준다는 점에서 긍정적이지만, 지나칠 경우 무력감을 느끼게 된다. 셋째, 아이도 모르는 사이에 학습이 따분한 것으로 각인되고 수동적 학습패턴을 갖게 된다. 태어날 무렵부터 쾌·불쾌를 담당하는 편도는 이미 성숙한 상태라서 아이들이 크게 기뻤거나 슬펐던 일을 오래 기억하게 되는데, 학습과 관련해 불쾌한 기억이 있을 경우에는 추후 학습을 피하게 된다. 넷째, 아이의 감각경험이 제한을 받는다. 부모가 이것저것을 금지하는 동안 영아의 탐색범위와 대상이 제한되기 마련이다. 부모의 과욕은 아이의 뇌 발달에 절대 유익하지 않다. 부모들은 자신의 관점에서 아이에게 학습경험을 제공할 게 아니라 아이의 자유로운 탐색과정을 있는 그대로 인정해주어야 한다.

초보적이지만 올바른 식생활 지도가 필요하다

출생 후 아이들이 어떤 음식을 반복해서 섭취하다 보면 음식에 대한 선호도가 생기기 마련이다. 일찍부터 인스턴트나 패스트푸드를 접한 아이는 자극적인 맛에 쉽게 길들여진다. 따라서 아이의 입맛을 버리지 않으면서도 보기에도 좋은 음식을 개발해야 한다. 특히 영아기는 시냅스 형성이 활발한 시기인 점을 고려해 단백질을 비롯한 5군 식품이 골고루 포함된 음식이 필요하다.

비단 영양공급뿐만 아니라 식습관에 대해서도 관심을 가질 필요가 있는데, 이에 대해서는 일본의 교육학자 후나코시Funakoshi의 연구를

일찍부터 인스턴트나 패스트푸드를 접하게 하는 대신 아이의 입맛에 맞고 보기에도 좋은 음식을 개발해야 한다. 특히 영아기는 시냅스 형성이 활발한 시기인 점을 고려해 단백질을 비롯한 5군 식품이 골고루 포함된 음식을 개발해야 한다.
젓가락질의 정교한 움직임은 손의 소근육 발달을 돕는다.

참고할 만하다. 후나코시는 음식을 꼭꼭 씹어 먹으면 얼굴 근육뿐만 아니라 뇌도 활성화되어 뇌와 밀접한 부위인 눈의 시력도 향상된다는 연구결과를 제시한 바 있다. 그렇다면 아이가 음식을 씹어 먹을 수 있는 나이임에도 씹을 필요가 없는 유동식만 먹이거나, 아침식사 시간에 쫓긴 나머지 물이나 국에 말아 먹이는 것을 한번쯤 다시 생각해봄 직하다.

요즘은 포크 사용이 늘어나면서 젓가락질에 서툰 아동들이 많아졌다. 젓가락질의 정교한 움직임이 손의 소근육 발달을 돕는다는 점을 기억하여, 어릴 때부터 자연스럽게 젓가락질을 익힐 수 있도록 해야 한다.

인내심을 가지고 양육의 일관성을 지켜야 한다

백화점에 가면 자기가 원하는 걸 사주지 않는다고 바닥에 드러누워 떼를 쓰거나 식당에서 자기 멋대로 행동하는 아이들을 심심찮게 본다. 아이들이라면 누구나 다 그럴 수 있다. 중요한 것은 이때 부모가 어떤 반응을 보이고, 어떻게 가르치느냐이다. 올바른 피드백에 따라 아이는 얼마든지 달라질 수 있다. 아이의 훈육에 있어 가장 중요한 것은 일관성과 규칙이다. 그리고 그 과정에서 절실히 요구되는 건 일회적인 관심이 아니라 지속적인 인내심이다.

기본적으로 떼를 쓰는 아이들은 의식적이든 무의식적이든 '떼를 쓰면 바라는 걸 얻을 수 있을 것'이라고 생각한다. 따라서 떼를 써봤자 아무것도 얻을 수 없음을 깨닫게 해야 한다. 그렇게 하려면 먼저 "떼를 쓰면 네가 바라는 걸 결코 해주지 않을 것"이라 말해주면서, 실

떼를 쓰는 아이들을 대하는 태도에서 가장 중요한 것은 일관성과 규칙이다. 많은 부모들은 떼를 쓰는 아이를 향해 혼을 내다가도, 아이의 욕구를 채워주지 못한 것이 안쓰러워 그저 달래거나 심지어는 아이가 바라는 대로 무조건 요구를 들어주기까지 한다. 그러나 이럴 경우 떼쓰는 행동이 간헐 강화가 되어 더욱 깊이 자리 잡게 된다.

제로 아이가 떼를 쓸 경우 단호히 모른 척해야 한다. 동시에 아이에게 적절한 대안을 제시해야 한다. 가령, "네가 그렇게 하지 않고 어떻게 하면 엄마가 어떻게 해줄 거야"와 같은 식의 대안을 제시할 수도 있다. 그러다가 우연히라도 아이가 적절한 방식으로 요구를 말하면, 가능한 한 응해주면서 "그렇게 이야기해주었으니 ~ 해야겠구나"라며 아이의 대답에 긍정적인 피드백을 주어야 한다. 예의 바르게 말했음에도 들어줄 수 없는 요구일 경우에는 아이의 대답에 일단 공감해주되, 들어줄 수 없는 이유를 명확히 말하면서 적절한 대안을 제시해야 한다.

그러나 많은 부모들은 안 된다며 혼을 내다가도, 아이의 욕구를 채워주지 못한 것이 안쓰러워 그저 달래거나 심지어는 아이가 바라는 대로 무조건 요구를 들어주기까지 한다. 그러다 보니 떼쓰는 행동이 간헐 강화가 되어 더욱 깊이 자리 잡게 된다. 당연히 올바른 습관형성이 어려운 것은 물론이고, 자기조절 능력을 상실한 미성숙한 행동을 하게 된다. 심한 경우에는 성인이 될 때까지도 그런 행동—유아와 표현방식만 다를 뿐—이 지속된다. 따라서 일관적인 훈육방식을 통해 아이가 옳고 그른 행동을 판단할 수 있는 근거를 제시해주어야 한다.

이 무렵 일관적인 훈육이 필요한 대표적인 것으로 배변훈련을 들 수 있다. 문제는 영아마다 대소변을 가리는 시기가 다르다는 점이다. 영아들 역시 부모만큼이나 배변훈련 과정에서 스트레스를 받는다. 한두 번 실수했을 때 과도하게 나무랄 경우 도리어 배변조절이 늦어질 수 있고 심지어 눈치를 보며 불안해하기까지 한다. 따라서 부모는 아이를 다그치고 나무랄 것이 아니라, 아이가 발달과업을 무사히 해낼 수 있도록 인내심을 가지고 안정적인 보육에 임해야 한다. 특히 영아기가 애착 형성기라는 점을 고려해 안정된 애착관계를 확립한 후 이를 기반으로 일관적으로 훈육한다면 소기의 목적에 이룰 수 있다. 안정된 관계가 형성되면 아이에게 믿을 만한 안식처가 생겨 아이가 실패를 딛고서 계속 뭔가를 시도해보려 하기 때문이다.

숙면할 수 있는 환경이 중요하다

아기들의 하루하루는 엄마 뱃속의 환경과 너무나도 다른 환경에 적응하며 주변에서 쏟아지는 자극들을 접하고 학습하느라 상당히 피로하다. 그래서 아이들의 뇌는 숙면을 취함으로써 낮 시간에 소모한 에너지를 보충한다. 낮 시간 동안 활발하게 놀면서 이미 충분히 자극을 받은 아이들은 과외의 학습보다는 잘 먹고 잘 자는 것이 제일 중요하다.

아이들에게는 세상의 모든 것이 학습대상이기 때문에 이들은 시종일관 주변을 탐색한다. 하지만 선행경험이 부족하고 시냅스가 엉성하다 보니 아이의 뇌가 금세 지친다. 그래서 아이들은 수면을 통해 뇌 기능을 정비해야 한다. 우리가 잠을 잘 때는 두 상태가 교대로 나타난다. 빠르게 눈 움직임이 일어나는 단계는 우리가 흔히 렘 수면이라고 부르는 시기이다. 렘 수면의 반대 상태는 서파수면NREM, Non Rapid Eye Movement라고 한다. 모든 포유동물의 수면은 서파수면으로 시작되고 그 사이사이에 일정 간격으로 렘 수면이 나타난다. 성숙한 성인의 경우에는 보통 밤의 수면기간 동안 이런 사이클이 4~5회 나타난다. 반복되는 서파수면-렘 수면 사이클을 따라 신체의 모든 생리체계에 주

어린 아기들은 뇌의 기반을 다지는 기초공사가 부족한 상태에서 많은 학습을 하다보니 뇌가 쉽게 지쳐서 잠을 많이 잔다. 아기의 성장과 장기 기억력 향상을 위해서 숙면은 매우 중요하다.

요 변화가 나타난다. 서파수면 동안에는 혈압이 낮고 심장속도와 호흡속도가 느리며, 전반적인 면역기능이 증가하고 성장호르몬 같은 동화호르몬이 불규칙적으로 분비된다. 이때 산소 소모량이 20~30퍼센트 감소하여 뇌 자체의 활동이 감소하는데, 가벼운 마취를 했을 때 나타나는 상태와 비슷하다. 또한 서파수면 동안에는 몇 가지 신경영양요소가 합성된다. 어른들도 특별히 어딘가가 아픈 환자가 아니라면 숙면 후 몸이 개운해지는 까닭은 그 때문이다.

반면에 꿈꾸는 렘 수면은 낮 동안 학습한 내용을 기억하게 만드는 중요한 수면이다. 최근 한 연구에서는 렘 수면 동안 쥐의 뇌 활동패턴이 낮에 학습할 때의 뇌 활동패턴과 동일함을 제시한 바 있다. 낮과 렘 수면 기간의 뇌 활동패턴이 동일한 이유는 렘 수면을 하는 동안 해마가 새로 경험한 내용을 복습하기 때문이다. 이처럼 렘 수면 기간 동안 해마가 낮에 학습한 내용 중 중요한 것들은 단단히 만들고, 불필요한 내용은 제거함으로써 뇌가 효율적으로 기능하게 된다. 그런데 수면할 수 있는 시간이 부족할 경우, 다양한 수면 패턴들 중 렘 수면 단계가 가장 먼저 생략되기 때문에 학습내용이 공고화되기 어렵다. 또한 렘 수면 기간에는 심장, 호흡 및 체온조절 기능을 통제하는 조절기제의 효율성이 크게 떨어진다. 심장속도와 혈압이 증가하고 호흡도 불규칙적이다. 렘 수면상태에서 깰 경우에는 꿈을 잘 기억하지 못하던 사람마저도 일반적으로 꿈의 내용을 상세히 이야기한다. 이는 렘 수면 단계가 복잡한 정신과정을 지원할 만큼 아주 강력하고 조직적임을 나타낸다. 렘 수면 기간에 뇌의 대부분이 휴식을 취한다는 사실과는 반대로 변연계를 비롯한 뇌의 몇몇 부위는 각성시보다 더 활성화

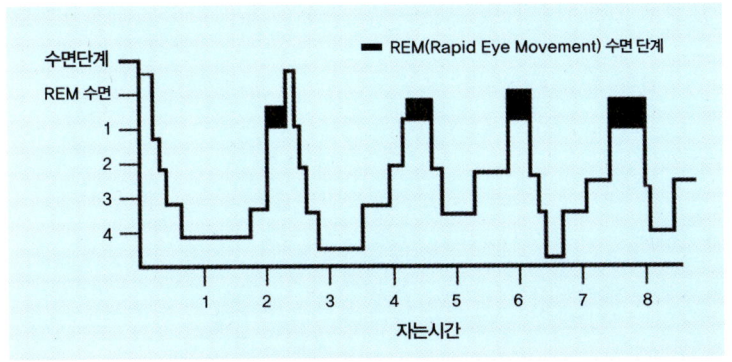

렘 수면의 단계. 렘 수면 동안에는 낮에 학습한 내용을 공고화하는 작업이 이루어진다. 그러나 숙면을 취하지 못하는 경우 가장 먼저 생략되는 수면 단계가 렘 수면이다.

된다. 즉, 렘 수면 기간은 수면 중 학습하는 시간이라고 할 수 있다.

어린 아기들은 뇌의 기반을 다지는 기초공사가 부족한 상태에서 많은 학습을 하다 보니 뇌가 바로 지쳐 잠을 많이 잔다. 적게는 12시간에서부터 많게는 하루의 3분의 2를 잠자는 일로 보낸다. 물론 뇌가 발달함에 따라서 수면시간은 점차 줄어든다. 하지만 성장과 장기기억의 향상을 위해서 수면은 여전히 중요하다. 부모는 아이가 숙면할 수 있는 환경을 만들어주어야 한다. 아이가 잠들 무렵 TV나 전등을 켜놓거나 컴퓨터를 하거나 시끄러운 소리로 대화하는 일들은 가급적 삼가도록 하자.

심리적으로 안정된 분위기를 만들어라

영아들을 관찰해보면, 정서활동이 주를 이룸을 알게 된다. 영아는 인지 능력이 아닌 정서활동을 통해 생존한다는 연구결과도 있다. 아기들은 웃음을 통해 주변 사람들이 자기를 보살피고 사랑할 수밖에 없도록 유도한다. 부모들이 아기의 웃음을 통해 얼마나 큰 행복을 느

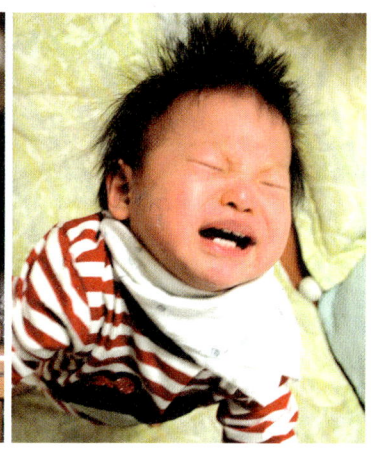

아이들의 웃음이나 울음 등과 같은 정서활동은 타인의 관심을 끌고 생존을 유지하기 위한 전략이다.

끼는지 생각해보면 이해하기 쉽지 않은가? 웃음뿐만이 아니다. 아기는 필요에 따라서는 울음을 통해 주변 사람들의 관심을 유도한다. 이처럼 영아는 자신의 다양한 정서표현을 통해 타인의 관심을 끌고 생존을 유지할 뿐만 아니라 다른 사람의 정서를 파악하기도 한다. 그래서 어른들이 우는 시늉을 하면 달래고, 말썽피웠다고 혼내면 눈치를 본다. 부모가 심하게 싸울 경우, 아이는 긴장하고 조마조마해한다. 그런 상황이 자신의 생존을 위협할 수 있음을 무의식적으로 느끼기 때문이다. 그래서 심각한 부부싸움이 지속될 경우 아이들이 만성적으로 스트레스를 받아 코르티솔이 과잉분비되어, 기억을 담당하는 해마가 피해를 입을 수 있다. 이런 사실에 비추어볼 때 아이의 정서안정을 위해서나 뇌 발달을 위해 화목한 가정 분위기가 필수적임을 알 수 있다.

생후 초기에는 뇌의 여러 부위 중 변연계의 발달이 활발하다. 이 무렵에 변연계의 발달에 적절한 환경이 필요하다는 의미이다. 변연계와 관련된 주요 상태로는 '애착'을 들 수 있다. 애착의 중요성은 이미

1990년대 후반 가너~Gunnar~ 박사의 연구를 통해 자세히 밝혀졌다. 가너 박사는 생후 초기에 따스한 보육으로 안정된 애착이 형성된 아이들은 웬만한 스트레스에도 잘 견뎌 코르티솔 분비가 적음을 발견했다. 설사 코르티솔이 분비되어 스트레스 반응이 일어난 경우에도 훨씬 더 신속하고 효율적으로 대처하는 것으로 나타났다. 초등학교 입학 이후에도 스트레스에 직면하더라도 행동문제가 별로 나타나지 않고 회복력~resilience~도 높았다. 이런 결과들은 태어나자마자 인지 발달에만 치중하는 우리나라 부모들이 명심해야 할 부분이다. 이 무렵의 아이들에게는 플래시 카드를 보여주거나 영어 카세트테이프를 들려주는 것보다 아이들의 기분에 관심을 갖고 적절히 상호작용하는 것이 훨씬 더 유익한 활동이다. 그럼에도 불구하고 영아기 때부터 인지 교육에 너무 집착하다 보면 정작 그 시기에 꼭 필요한 안정된 보육 환경의 형성에 신경 쓰지 못해 아이와 부모 사이의 애착 관계 형성이 어려울 수 있다. 시냅스와 뇌 무게가 0~3세 시기에 급속히 증가한다는 뇌 연구결과를 자의로 해석하여 너무 일찍부터 과도한 교육을 실시할 경우, 주의산만, 정서불안, 사회성 부족 같은 현상이 나타날 수 있음을 명심하자.

 **tip**

영아들의 반사능력

세상에 태어나는 순간부터 아기들은 하나의 생명체로서 살아간다. 움직임의 강도와 민첩성은 신생아의 신체적 건강과 지적 정상성을 가름하는 기준이 된다. 신생아에게서는 여러 반사가 나타나는데 이는 오랜 진화사의 산물이다. 반사는 인간의 생존에 필요하고 지속적으로 유지되는 생존 반사와, 일정 기간 후 사라지는 원시 반사로 구분된다. 생존 반사에는 호흡 반사, 눈 깜빡이기 반사, 동공 반사, 입술 내밀기 반사, 빨기 반사, 삼키기 반사 등이 있으며, 원시 반사에는 바빈스키 반사, 모로 반사, 잡기 반사, 보행 반사, 척추 반사, 잠수 반사 등이 있다. 바빈스키 반사는 발바닥을 간질이면 발을 부챗살처럼 펴는 반사로 생후 8개월에서 1년 사이에 사라진다. 모로 반사는 깜

❶ 바빈스키 반사
❷ 모로 반사
❸ 잡기 반사
❹ 잠수 반사
❺ 보행 반사

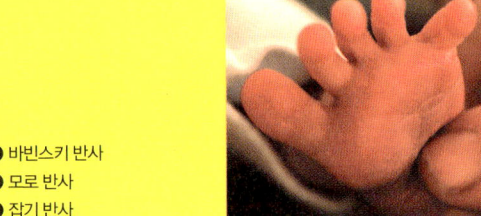
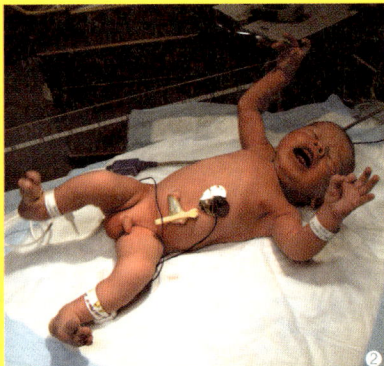
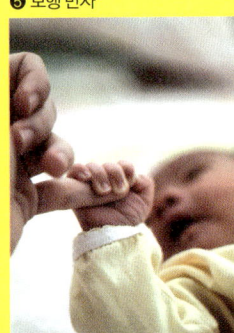

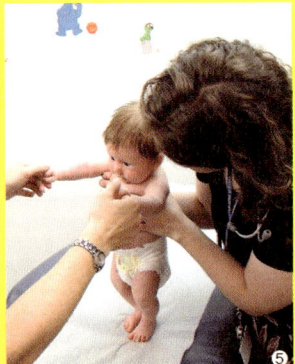

모로 반사는 깜짝 놀라면 등을 구부리고 손과 발을 앞으로 하는 반사이며 생후 6~7개월 뒤에 사라진다. 잡기 반사는 손바닥에 물체를 대면 꼭 쥐는 반사로, 신생아의 몸을 지탱할 수 있을 정도로 강하며, 생후 3~4개월이 되면 의도적인 잡기 행동으로 대체된다. 보행 반사는 신생아를 세워서 잡아주면 걷는 것과 같은 동작을 하는 반사로, 후에 이 반사는 의도적인 걷기 행동으로 대체된다. 척추 반사는 손으로 등의 위에서 아래로 그을 때 한쪽으로 구부러지게 그으면 몸이 그쪽으로 움직이는 반사를 일컫는다. 잠수 반사는 신생아를 물속에 넣으면 물 위에 떠서 팔과 다리를 움직이는 반사이다. 이들 원시 반사가 정상적으로 나타나고 사라지는 것은 신생아기 신경계 발달을 판단하는 중요한 기준이다. 이는 곧 신경계에 문제가 없는 영아라면 원시 반사가 나타나야 할 때 나타나고, 사라져야 할 때 사라져야 한다는 의미이다.

4 학습교육은 이제부터 시작이다

유아기는 보육 중심의 영아기와 달리, 다양한 교육이 요구되는 시기이다. 물론 유아기에 이루어지는 다채로운 교육활동들도 안정된 보육을 기반으로 이루어져야 함은 말할 필요도 없다. 여기서 의미하는 바는 연령에 따라 보육과 교육의 비중이 달라져야 하는데, 유아기에는 교육의 비중이 단순히 돌보는 차원의 보육보다 더 커진다는 것을 말한다. 교육의 비중이 커지는 유아기의 뇌 발달을 촉진하기 위해, 여기에서는 먼저 유아의 뇌 발달을 제시하고 유아의 뇌 발달 촉진을 위한 교육지침을 설명하겠다. 또한 유아의 뇌 발달 촉진을 위한 선결과제도 제시했다. 여기에서 유아의 뇌 발달 촉진을 위한 선결과제를 특별히 넣은 까닭은 유아교육이 무상의 공교육이 아니다보니 유아의 뇌 발달에 필요한 기본적인 보통의 교육마저 받지 못한 유아가 있는 반면, 과열된 학부모들의 요구로 인해 뇌에 무리가 갈 정도의 과도한 학습을 하는 유아가 있기 때문이다. 유아기부터 교육의 양극화가 시작되는 것을 보면 안타까운 마음을 이루 말할 수 없다.

유아기 뇌 발달의 특징

우뇌가 주로 발달한다

좌뇌와 우뇌의 발달을 살펴보면, 유아기에는 주로 우뇌 발달이 활발한 편이다. 이는 주변 아이들의 대화에 귀 기울여보면 바로 알 수 있다. 유아가 "손오공처럼 구름을 타고 다닐 수 있을까?"라고 물으면, 아동기에 접어든 아이는 "실제로 그럴 순 없어."라고 대답한다. 은연중에 유아는 '상상'을, 아동은 '논리'를 말하고 있는 것이다. 실제로 유아들은 상상에 쉽게 빠져들고 창의성 발현이 자연스럽다. 그럼에도 우리나라의 경우 1세 무렵부터 한글을 가르치는 부모들이 많은데, 너무 어려서부터 정형화된 어른들의 말이나 문자를 가르치는 것이 꼭 최선인지 생각해봐야 한다. 끼니를 앞두고 밥을 먹고 싶지 않은 성인들은 흔히 '입맛이 없다'고 말한다. 그 말을 모르는 아이는 뭐라 말할까? 아이는 아직 '입맛이 없다'라는 말을 모르기 때문에, 자신이 알고 있는 수준의 단어를 사용하여 의미를 전달해야 한다. 고민 끝에 아이는 "엄마, 내 입이 숨어버렸어요"라고 말한다. 어른들은 상상해내기 어려운 굉장히 창의적인 표현이다. 물론 아이가 보다 원활하게 의사소통을 하고, 많은 정보를 얻으려면 어른들의 말이나 한글을 꼭 배워야 한다. 다만 너무 어려서부터 아이에게 어른들의 말과 한글을 가르치는 건 별로 바람직하지 않다. 유아기에는 그저 아이의 자연스런 창의성 발현을 격려하면서, 일상의 규칙을 서서히 도입해야 한다.

그럼에도 불구하고 현재 우리나라 유아들의 학습활동 중 상당부분은 아동기에 이루어져야 할 내용들이다. 이런 유아교육의 실태는 크게 두 가지 관점에서 문제를 불러일으킨다. 하나는 좌뇌가 충분히 발달하지 않은 상태에서 좌뇌의 기능을 요구하는 교육을 하기 때문에 그다지 학습효과를 얻을 수 없다는 점이다. 또한 유아에게 과도한 분량의 내용을 가르치면서 아이의 정서를 무시하고 억압하다 보니 창의성과 정서를 담당하는 우뇌 발달이 제대로 이루어지기 어렵다는 점이다. 결국 좌뇌가 어느 정도 발달한 이후에 도입해야 할 학습활동을 너무 일찍 도입하여 소기의 학습효과도 얻지 못한 채 오히려 창의성과 정서발달만 희생하는 셈이 되고 만다.

뇌량의 앞부분과 전두엽은 발달하나 측두엽 발달은 아직 미숙하다

유아기에는 뇌량의 앞부분이 발달한다. 이로 인해 뇌량의 앞부분과 연결된 전두엽의 발달도 촉진된다. 뇌량의 앞부분이 발달한다는 것은 곧 유아기에 양쪽 뇌의 교류와 전두엽의 발달을 촉진하는 자극과 활동이 필요함을 시사한다. 자전거 타기나 공 주고받기 등 유아들이 하는 대부분의 동작놀이는 뇌량 발달이나 전두엽의 동작피질 발달에 기여한다. 뿐만 아니라 부모, 또래, 교사와 하는 대부분의 정서적 경험 역시 유아의 전두엽에 영향을 준다.

3~6세까지는 전두엽의 시냅스 형성이 활발하다. 따라서 호기심이나 상상을 촉진하는 활동이 적극적으로 필요하다. 그러나 우리나라의

경우 유아들이 이 시기에 조기교육이라는 이름하에 한글과 영어를 배우는 것이 다반사이다. 결과적으로 유아의 일상활동만으로도 충분한 학습을 하고 있는데 여기에 한글과 영어 학습이 추가되다 보니 물리적으로 학습의 절대량이 급증할 수밖에 없다. 결국 전두엽을 자극하는 종합적이고 창의적인 교육이나 유아의 정서를 고려하는 교육은 어려워진다. 이 시기는 언어를 담당하는 측두엽이 채 성숙하지 않은 상태이므로 언어 학습의 효과도 부모의 욕심만큼이나 만족스럽지 못한 경우가 많다.

유아기에 하는 공놀이나 야외활동들은 뇌량과 전두엽의 동작피질 발달을 촉진시킨다.

시냅스의 밀도가 점차 안정기에 접어든다

유아기에는 시냅스 밀도가 점차 안정기에 이르러, 시냅스 형성과 제거가 균형을 이룬다. 영아기에는 시냅스 밀도가 급증한 반면, 유아기에는 영아기에 비해 시냅스 형성은 감소한다. 그러나 이미 시냅스 수가 많은 상태라서 풍부한 영양공급은 여전히 필수적이다. 시냅스 밀도가 안정되면서 뇌 무게의 증가 역시 안정을 찾는다. 흔히 인지적 학습을 할 때만 시냅스가 형성될 것이라 생각하지만, 사실은 유아가 하는 모든 활동, 가령, 공놀이, 자전거타기, 모래놀이, 정글짐 오르기, 소꿉놀이 등 다양한 놀이와 유치원에서 교사나 또래와의 경험 및 가정에서의 경험 등 모두가 시냅스 형성과 관련된다.

유아기의 아이를 위한 양육 지침

'풍요로운 환경'에 대한 잘못된 환상을 버리자

아이의 뇌 발달과 관련해 많은 학부모와 교사들의 관심을 사로잡는 최고의 화두는 역시 '교육'이다. 철학자 칸트Immanuel Kant는 일찍이 "교육을 통해서만 비로소 인간이 될 수 있다"고 말해 교육의 중요성을 역설했다. 교육에 있어서 가장 중요한 관건은 무엇을, 언제, 어떻게 가르치느냐이다. 그런데 우리나라에서는 이런 세부적인 교육 사항에 대한 고민은 간과되고 그저 뭐든 빨리, 많이 가르치면 최고라는 생각이 팽배하다. 이런 생각을 주도하는 이들이 주로 인용하는 연구로는 매리언 다이아몬드Marian Diamond의 매직트리Magic Tree이론이나 윌리엄 그리너W. Greenough 등의 연구들이다. 그중 매리언 다이아몬드의 연구를 간략히 살피면 다음과 같다.

다이아몬드 박사는 한 집단의 쥐는 풍요로운 환경에 두고 다른 집단의 쥐는 자극이 거의 없는 환경에 두었다. 그리고 일정기간이 지난 뒤 양쪽 집단에 있는 쥐들의 뇌를 관찰했다. 그 결과, 풍요로운 환경에 살던 쥐들이 자극이 거의 없는 환경에 살았던 쥐들에 비해 시냅스가 25퍼센트 이상 많았다.

이 연구결과는 유아교육에 강력한 영향을 주고 있다. 첫 번째 방식은 풍요로운 환경의 의미와 관련된 것이다. 이 연구를 정확히 이해하기 위해서는 먼저 다이아몬드 박사가 수행했던 실험설계를 구체적으로 검토해볼 필요가 있다. 다이아몬드 박사의 실험에서 풍요로운 환경은 사다리, 튜브, 바퀴, 블록, 막대, 인형 및 다른 몇 마리 쥐들이 있는 환경이었다. 그렇다면 야생하는 쥐들의 경우는 어떤가? 야생의 쥐들은 다이아몬드 박사가 제시한 풍요로운 환경보다 훨씬 더 복합적이고 역동적인 환경에서 살아간다. 이런 사실에 비추어볼 때, 다이아몬드 박사가 설계한 풍요로운 환경은 보통의 쥐들이 경험하는 일상적인 경험보다 하나도 나을 게 없다. 한편, 다이아몬드 박사의 실험에서 열악한 환경은 좁은 우리 안에 아무것도 없는 상태에서 겨우 쥐 한 마리만 있는 조건이다. 이 조건은 물리적·사회적 경험의 중요성을 제시해준다는 점에서 그 의미를 찾을 수 있지만, 야생의 그 어떤 쥐도 다이아몬드 박사의 연구에서처럼 고립되고 열악한 우리에서 생활하는 경우는 거의 없다. 더구나 인간의 경우 부모마다 차이는 있겠지만, 아무것도 없는 좁은 공간에 유아를 방치하는 부모는 극히 드물다. 대부분의 유아들은 조건이 좋은 가정과 비교했을 때는 다소 미흡하다 하더라도, 언제 어디서든 누군가와 더불어 생활하고 주변 환경을 탐색하며 자라게 된다는 점에서 사회·경제적 수준이 낮은 유아를 다이아몬드 박사의 실험에 등장하는 열악한 환경에 처하게 되는 것으로 생각하는 건 잘못된 해석이다.

아이들은 모두가 타고난 과학자이자 탐험가이다

오래 전에 필자의 친구가 필자에게 "우리 아이가 영재 같다."는 말을 하길래, 그 이유를 물었다. 이유인즉 아이를 데리고 쇼핑센터나 공원에 갈 때마다 본인은 지금까지 같은 곳에 여러 번 갔어도 기억을 잘 못하는데, 아이는 한번만 보고서도 주변 위치를 다 기억하더라는 것이었다. 그러면서 자기가 아이의 잠재력을 제대로 계발해주지 못하는 건 아닐까 하고 걱정하고 있었다. 필자는 이야기를 듣고 너무 부담가질 필요가 없다고 대답해주었다. 유아들의 경우 호기심과 의미형성 능력이 탁월하기 때문에 어른들에게는 일상적이고 무의미한 것들도 잘 기억한다고 말해주었다. 사실 어른의 경우에도 유아 정도는 아니라 할지라도 여전히 호기심과 의미형성 능력이 존재하고, 그런 욕구를 적극 활용할 경우 기억력이 크게 증가될 수 있다. 실제로 호기심이나 의미형성과 관련된 몇 가지 간단한 실험을 해보기로 하자. 먼저 아래에 있는 것들을 빨리 보고 기억나는 걸 생각해두자.

532

147

938

HUQ

706

549

821

위에서 어느 항목이 독자의 기억에 남는가? 아마 'HUQ'를 기억하는 경우가 많을 것이다. 물론 독자의 경험에 따라 기억하는 것이 다소 달라질 수는 있다. 가령, 자기가 좋아하는 사람의 생일이 7월 6일이면 '706'일 수도 있기 때문이다. 또 맨 앞에 있는 '532'나 맨 끝의 '821'을 기억할 수도 있다. 심리학에서는 이처럼 맨 앞의 항목을 기억하는 현상을 선두효과primacy effect, 맨 끝의 항목을 기억하는 현상을 최신효과recency effect라 한다. 그래서 방송에서 이런 현상을 극대화하기 위해 스타가 맨 앞이나 맨 끝에 나오는 모양이다. 한 개인의 경험이나 선두효과 또는 최신효과가 작용하지 않을 경우에는 주변의 다른 항목과 현저히 구분되는 'HUQ'를 기억할 가능성이 높다. 심리학자 레스토르프Von Restorff는 어떤 상황에서든 주변과 구별되는 신기한 자극을 기억함을 발견했다. 이를 연구자의 이름을 따서 '레스토르프 효과'라고 부른다. 아이들에게는 온 세상이 호기심의 대상이기에 어떤 것을 한 번만 보고도 기억하는 것이 당연한지도 모른다. 다시 한 번 아래의 항목을 빨리 살펴본 후에 기억에 남는 걸 생각해두자.

389
471
639
815
562
983
716

이 자료에서는 아마 '815'를 기억하는 경우가 가장 많을 것이다. 물론 여기에서도 경험이나 선두효과 또는 최신효과가 작용하는 걸 예외로 한다면, 광복절이라는 공휴일을 보내는 한국인이 '815'를 기억하는 건 당연한 일이다. 이처럼 우리 뇌는 어떤 정보를 기억할 때 의미가 있는 정보를 쉽게 기억한다. 뿐만 아니라 우리 뇌는 무의미한 정보

에 대해서도 의미를 부여하여 해석한다. 그럼 위의 그림을 잠시 살펴보기로 하자. 각 그림은 무엇을 나타내는가?

독자는 아마 왼쪽 그림을 보고는 '삼각형'이라, 오른쪽 그림을 보고는 '달마시안'이라 답할 것이다. 실험결과를 보고 느꼈겠지만, 성인인 우리의 뇌마저도 어떤 정보에 적극적으로 의미를 부여해 해석을 한다. 즉, 존재하는 것 자체를 있는 그대로 보는 게 아니라, 의미를 적극 부여하여 뇌가 정보를 재구성한다. 다시 말해, 어떤 내용이 학습자에게 '의미'로 남아야 오래오래 기억하게 된다. 다행히도 이런 의미형성 능력은 뇌의 선천적 기능이라는 점에서, 우리 뇌는 출생할 때부터 애당초 학습에 호의적인 듯하다.

유아들은 곳곳에서 호기심이 발동하고 의미를 찾으려 한다. 유치원에서 유아를 데리고 공원에 가는 중에 유아가 "선생님, 저기 구름이 토끼 모양 같아요."라고 말한다. 집에서도 마찬가지다. 간식을 먹다가 아이가 "엄마, 여기 비스킷이 고래 모양이지?"라고 말하곤 한다. 이때 교사나 부모가 아동들의 창의적인 말에 "선생님이 짝 손잡고 앞을 똑바로 보고 걸으랬죠?", "엄마가 음식 갖고 장난치는 거 아니랬지." 등과 같이 부정적인 피드백을 하게 되면 아이들은 자기도 모르게 호기심이나 의미탐색이 중요한 일이 아니라고 인지하고 점차 호기심이나 의미탐색을 억누르게 된다.

게다가 우리나라의 부모들은 유아들에게 과도한 양의 학습을 시키기로 유명하다. 정해진 시간에 아이들에게 많은 양을 가르치려 할 때 어떤 일이 발생할까? 첫째, 상상력이나 창의성을 촉진하지 못한 채 주입식 교육을 하게 된다. 실제로 아무리 교수법이 뛰어난 사람이라 할지라도 가르칠 양이 늘어나면 '요약해서 정리해주는' 방식을 택하게 된다. 실제로 짧은 시간에 많은 양을 가르치다보면 어떤 내용을 다양한 방식으로 관련지어 생각해보게 하는 수업이 어려운 게 당연하다. 결국 유아기는 전두엽 발달이 활발한 시기니 만큼 상상력을 촉진하는 활동이 주를 이뤄야 함에도 불구하고 가르칠 양이 늘어날 경우 창의적으로 가르치기가 어려워진다. 둘째, 학습에 가장 중요한 요건인 아이들의 선천적 호기심이나 의미형성을 무시하게 된다. 아이들의 호기심이나 의미형성을 하나하나 존중하다 보면 목적한 양을 다 가르칠 수 없다보니 어쩔 수 없이 아이들의 호기심이나 의미형성을 간과하게 된다. 하지만 이는 학습효과에 아주 부정적인 영향을 준다. 많은 걸 가르치려다 학습에 가장 중요한 요건인 호기심과 의미형성을 앗아버리는 셈이다. 셋째, 아이의 정서발달에 역행하게 된다. 아이들에게 많은 양을 가르치다보면 어쩔 수 없이 관계가 나빠지고 아이의 정서를 무시하거나 위협하는 상황도 발생한다.

필자가 이런 이야기를 하면, 유아에게 많은 걸 가르치는 부모들은 대부분 "아이가 원해서 가르친다."고 말하곤 한다. 하지만 아이가 일회적으로 호기심을 나타냈다고 해서 발달 단계와 무관하게 과도한 학습량을 부과하는 건 별로 바람직하지 않다. 더욱이 유아들 중에도 영악한 아이들은 부모들을 만족시켜주기 위해 기꺼이 그런 선택을 하는 경우가 있다는 걸 명심해야 한다. 이런 사항들을 고려할 때 유아기에는 많은 학습내용 즉, 단순히 콘텐츠를 넣어주기보다는 학습하는 방식을 촉진하고 개발해주어야 한다. 쉽게 말해 고기를 잡는 법을 알려주는 것이 현명한 방법이라는 것이다.

다중지능을 활용하자

하버드 대학교의 심리학자 하워드 가드너Howard Gardner 박사는 사람들마다 언어, 수리, 공간, 음악, 신체 등 재능을 보이는 영역이 다르다는 다중지능Multiple Intelligence 이론을 주장한 바 있다. 이 이론에 근거하면 모든 아이들은 저마다의 장점과 잠재력이 품고 있다. 인지 능력을 중심으로 평가하는 IQ와는 전혀 다른 관점으로 아이의 재능을 판단하는 이론이다.

유치원 교사들은 유아의 다중지능을 쉽게 파악할 수 있다. 가령, 영역별 활동에서 유아가 가장 많이 찾는 영역이 곧 강점지능과 관련될 거라 생각하면 될 것이다. 유아기 때에도 뇌는 가소성이 풍부하기 때문에 유아의 강점지능을 활용할 경우 유아의 강점지능 증진은 물론이고 유아의 자신감을 향상시키고 단점을 보완하는 데도 아주 효과적이다. 가령, 수줍어하는 유아라 하더라도 표현활동에서 창의성이 엿보일 때마다 자꾸 인정해주면, 점차 그 활동을 좋아하고 적어도 그걸 하는 동안은 자신감이 높아질 것이다.

하워드 가드너의 다중지능 이론

공간 지능 (spatial intelligence)	■ 방향을 잘 찾음 ■ 시공간적 아이디어를 도표, 지도, 그림 등으로 잘 나타냄 ■ 시각적으로 표현하는 디자인, 그림 그리기, 만들기 등을 좋아함
논리 수학 지능 (logical intelligence)	■ 기존 지능의 핵심으로 간주되며, 인지적 능력으로서 가장 중요하게 여겨짐 ■ 논리적 문제나 방정식을 풀어가는 정신적 과정에 관한 능력임 ■ 논리적 과정에 대한 문제들을 빠른 속도로 해결함 ■ 숫자에 강하며 추론 능력이 뛰어남 ■ 체계적이고 과학적인 사고를 함
대인관계 지능 (interpersonal intelligence)	■ 타인의 기분, 감정, 의향, 동기 등을 잘 인식함 ■ 얼굴 표정, 말투, 몸짓 등 비언어적인 표현을 잘 인지해냄 ■ 교우관계가 원만하며 사교적임
언어 지능 (linguistic intelligence)	■ 단어의 소리, 리듬, 의미에 대한 감수성이 뛰어남 ■ 토론 학습 시간에 두각을 나타냄 ■ 유머나 말 잇기 게임, 낱말 맞추기 등을 잘 함 ■ 다양한 단어들을 자유자재로 잘 활용함
신체 운동 지능 (bodily-kinesthetic intelligence)	■ 생각이나 느낌을 글이나 그림보다는 몸동작으로 표현하는 능력이 뛰어남 ■ 손으로 다루는 능력이 뛰어나 손재주가 있다는 말을 많이 들음 ■ 몸의 균형 감각과 촉각이 다른 사람들에 비해 발달함
음악 지능 (musical intelligence)	■ 소리, 리듬, 진동과 같은 음韻의 세계에 민감함 ■ 사람의 목소리와 같은 언어적인 형태의 소리에도 민감함 ■ 비언어적 소리에도 예민함
자기성찰 지능 (intrapersonal intelligence)	■ 대인관계 지능과 유사한 특성 ■ 자존감, 자기향상 능력이 뛰어남 ■ 자기반성 능력이 뛰어남 ■ 다른 지능들에 비해 눈으로 특성을 파악하기 어려움
자연탐구 지능 (naturalist intelligence)	■ 자연현상에 대한 유형을 규정하고 분류하는 능력 ■ 자연환경에 대한 감수성이 예민함 ■ 자연 친화적이고 동물이나 식물 채집을 좋아함

실제로 예전에 자기 아이가 책 읽어주는 것은 싫어하고 자동차 놀이만 한다고 걱정하는 한 어머니가 있었다. 필자는 그 어머니께 "아이가 가장 좋아하는 게 뭐냐"고 물었다. 역시 그 어머니는 자동차 놀이라고 말했다. 그래서 필자는 그 어머니에게 글씨가 크고 글자 수가 적은 자동차 관련 책부터 읽어주라고 말했다. 그 후 그 아이가 초등학교 3학년이 되었을 때 자동차 관련 책은 뭐든 스스로 찾아 읽게 되었다.

다중지능은 강점지능을 찾아 강점지능을 발전시킬 뿐만 아니라 다른 영역을 보완할 수 있는 계기가 될 수 있다. 이는 뇌의 작용에 비추어보더라도 아주 적절하다. 가령, 자신의 단점지능만이 강조되는 분위기에서는 뇌가 그 상황을 위기로 해석하여 불안감이 증가되고 고차적 사고가 어렵다. 반면에 자신의 강점지능이 존중되는 분위기라면 도전감이 생겨 심지어 자신의 단점지능 영역에도 도전해보려 하고 고차적 사고도 가능해진다. 더욱이 유아의 뇌는 한창 발달중이기 때문에 강점지능을 활용할 경우, 그 효과가 한층 더 크다. 유치원에서는 다중지능을 부분적으로 활용할 수도 있지만, 수업시간 내내 활용할 수도 있다. 그 대표적인 방법으로 프로젝트Project 수업을 들 수 있다. 프로젝트 수업이란 일정기간 하나의 주제를 정해서 모든 영역이 그 주제와 연계될 수 있도록 하는 수업이다.

유아의 다중지능과 관련해 꼭 짚고 나가야 할 사항은 부모나 교사가 자신의 다중지능에 대해 생각해봐야 한다는 점이다. 그 이유는 많은 부모나 교사들이 자신의 단점지능을 파악하고 그로 인해 자녀나 제자에게 부정적 영향을 주지 않도록 주의해야 하기 때문이다. 하지만 많은 부모나 교사들이 자신의 단점지능이 아이에게 부정적 영향을 주었음에도 그걸 전혀 인식하지 못한 채 아이의 탓으로 돌리는 경우가 다반사이다. 실제로 자기 아이가 말을 잘 안 한다고 걱정하는 한 엄마가 있었다. 필자는 그 엄마에게 집에서 가족이 시간을 어떻게 보내는지를 물었다. 그러자 그 엄마는 각자 조용히 앉아 TV를 보는 날이 많다고 대답했다. 그리고 자기가 말이 거의 없는 편이라고 덧붙였다.

언어 발달은 생활 속에서 이루어진다

유아기에는 엄마와 아이의 대화가 상당히 자연스러워지고 아이의 언어표현이 풍부해진다. 이때 엄마가 아이의 언어활동을 적극적으로 지원하고 그에 반응한 경우 아이의 언어 발달이 크게 촉진된다. 특히 이 시기는 우뇌 발달이 주를 이루는 시기라서 상황을 통한 언어학습이 현저하게 이루어진다. 그러다보니 유아기에 나타나는 언어오류 역시 주로 상황과 관련되어, 전화를 걸고 받는 상황에서 '걸어'라고 말해야 할 때 '받아'라고 말하거나 오고가는 상황에서 '갈게'라고 말해야 할 때 '올게'라고 말하곤 한다. 그런 오류가 나타나는 이유는 단어들의 상황이 동일하거나 비슷한 것까지는 알지만 아직 정확히 구분을 못해 단어를 정반대로 사용하기 때문이다. 이외에도 '귀찮다'나 '피곤해'라고 말해야 하는 상황에서 '시시해'나 '심심해' 같이 말하곤 하는데, 이런 경우에는 '귀찮다', '피곤해', '시시해', '심심해'는 모두 자신이 '원치 않는 상황'이라는 공통점이 있다. 시간과 관련해서도 이런 오류가 나타나 '아직'이라고 말해야 할 때, '이제'라고 말하거나 '벌써'라고 말하기도 한다. 이처럼 유아기의 언어 발달은 상황을 통해 이루어지다 보니 발달속도가 빠르지만, 정확한 의미는 파악하지 못하는 경우가 많다. 이런 오류는 좌뇌가 발달하는 아동기를 거치면서 점차 사라진다.

상황과 관련된 구체적인 예를 들어보기로 하자. 아이가 천연덕스럽게 "아빠는 까불이야."라고 말하면, 엄마가 "'까불이'는 어른들한테 사용하면 안 되는 말이야." 하고 말하는데, 그때 아이는 "우리 선생님도 나에게 그렇게 말했는데……" 하고 의아해한다. 그것은 아마도 교사나 부모가 아이들을 안아주면서 "이 까불이!"와 같은 식으로 말하기 때문에, 아이는 '까불이'라는 말을 '꽤 괜찮은 말', '다정다감한 말'로 여긴 나머지 자신이 좋아하는 어른에게도 사용하게 된 것이다. 이런 오류경향을 인식한 부모나 교사는 아이가 언어오류를 나타내는 상황에서 각 사태에 대해 정확히 표현하는 것을 반복적으로 보여주고 설명해주어야 한다. 물론 오류에 대해 비판하는 건 금물이다. 그런 경우 아이들의 언어사용이 크게 감소한다.

아울러 유아기의 언어 발달에서 부모의 언어사용이 중요한 모델링 대상이라는 점을 고려하여 부모나 교사의 바른말 고운말 사용이 각별히 요구된다. 부모나 교사들은 아이들과 함께 생활하면서, '해라'나 '하지 마라'는 말을 끊임없이 하게 된다. 그러나 아이들은 부모들이 아이에게 바라고 요구하는 것을 배우기보다는, 직접적으로 우리의 언어나 행동을 보고 배운다는 점을 명심해야 한다.

**선택의 주도권, 도전감, 긍정적 피드백을 제공하고
필요의식을 자극해라**

유아에게 단순히 많은 교구나 책을 사주는 것보다 뇌 발달에 부정적인 요소를 제거해주는 동시에 선택의 기회, 도전감을 주는 분위기, 긍정적인 피드백을 주는 것이 곧 풍요로운 환경을 만들어주는 것이다. 가정에서는 유아가 스스로 자신의 의사대로 선택할 기회가 별로 없다. 학원수강, 교재, 교구 등 모두 부모가 선택한다. 그러나 오히려 아이가 무언가를 선택할 수 있는 분위기를 마련한 후 아이에게 선택의 주도권을 주는 게 훨씬 더 효과적이다. 도전적인 분위기의 형성도 중요하다. 도전감을 주는 분위기는 뇌가 고차적으로 기능하는 데 아주 중요한 요건임에도 불구하고, 부모로서는 이것을 실천하기가 쉽지 않다. 부모들은 보통 자기가 뭔가를 가르친 후 아이가 대답을 못하면, "몇 번씩 말했냐?", "이러니 너에게 뭘 가르치겠냐" 등의 무력감을 유발하는 말을 해버린다. 이런 말은 도전감을 주는 분위기와 정반대되는 말이다. 그럴 경우 오히려 '적절한 인출단서'를 제시하는 것이 더 효과적이다. 긍정적인 피드백 제공도 고려해야 한다. 이때는 꼭 칭찬이 아니어도 괜찮다. 유아의 현재 상태를 정확히 말해주는 것만으로도 충분하다. 일반적으로 부모들이 아이가 잘할 경우에 칭찬을 덧붙이는 것은 잘하는 편이다. 문제는 아이가 잘못할 경우에 비난을 덧붙이는 것이다. 존재하는 사실만 말해주어도 되는데, 그렇게 하지 못하고 꼭 비난을 덧붙인다. 이는 아이가 뭔가를 배우기 싫어하게 되는 지름길이다.

  또한 아이가 자신의 욕구와 필요를 자각하도록 유도하는 것도 중요하다. 아이가 무엇을 필요로 하는지를 알아내는 것은 그리 어렵지 않다. 유아들이 자주, 오래 하고 싶어 하는 것이 대부분의 유아들이 필요하다고 느끼는 것이다. 필요를 자각한다는 것은 능동적인 활동을 이끌어내기 때문이다. 실제로 많은 위인들의 어린 시절을 보면 필요가 중요한 역할을 했음을 알 수 있다. 우리의 뇌는 필요에 의해 진화되었음을 기억하자.

아이의 상상력에 날개를 달아라

유아기에 접어들면 놀이터에 있는 많은 놀이기구를 사용할 수 있으며, 소근육도 상당히 발달하여 혼자서도 종이접기, 가위질, 젓가락질, 색칠하기 등을 할 수 있다. 또 유아기는 우뇌와 전두엽의 동작피질 발달이 활발하여 리듬과 동작에 민감하다보니 유아 스스로 음악에 맞추어 여러 가지 율동을 하거나 다른 사람의 행동을 흉내내기를 좋아한다. 부모나 교사는 유아가 다양한 활동을 할 기회를 제공해 자신의 능력을 발휘하고 자아존중감을 느낄 수 있도록 해야 한다. 유아가 자연스럽게 음악에 접하고 신체적으로 표현해보는 건 뇌의 신경학적 교차현상을 활용하는 효과적인 방법이기도 하다.

유아기는 상상력이 풍부한 시기라는 점에서 한 주제에 대해 아이와 이야기를 꾸며보면서 유아의 언어적 사고를 촉진할 수 있다. 그림책이나 그림카드를 보고 이야기를 꾸며보게 하는 것도 효과적이다. 특히 그림카드의 경우에는 유아 마음대로 순서를 바꾸어 이야기를 꾸밀 수 있다는 점에서 유연성도 기를 수 있다. 저녁에 잠들기 전에 아이와 누워 '열 고개' 정도의 언어게임을 하는 것도 유아의 어휘 확장에 도움이 될 수 있다.

이외에도 집안의 폐품을 활용해 무언가를 만들어보게 하거나, 아이가 만든 작품에 대해 이야기해 달라고 부탁하거나, 어떤 이야기를 들려주고 다음에는 어떤 이야기가 나올지 상상해보게 함으로써 다양한 방식으로 아이의 창의성을 촉진할 수 있다. 다행스럽게도 이 무렵의 아이들은 누가 시키지 않아도 집안에 굴러다니는 무언가를 활용해 본인만의 작품을 만들거나 자신이 만든 물건에 대해 이야기하기를 좋아한다. 다시 말해, 부모가 아이의 창의적 욕구를 인정해주는 것만으로 아이는 스스로 창의성을 발휘할 준비가 되어있는 셈이다. 이때 주의할 점은 아이가 무엇을 만들려다가 망가뜨렸다고 해서 그 행동을 나무라지 않아야 한다는 것이다. 또한 뭐든지 미완성의 상태로 중단할 경우에는 나름대로 마무리를 해 성취감을 느낄 수 있는 기회를 갖도록 독려해야 한다.

실제로 유아들은 자신이 그린 그림이나 만든 작품을 가져와서 나름대로 작품설명을 한다. 이때 부모나 교사는 "이상하다.", "이게 뭐야" 등과 같이 비판적인 반응보다는 "어떻게 이렇게 대단한 생각을 했니?" "여기에 뭐가 들어가면 더 좋을까?" "그렇지. 머리카락을 그려 넣으면 더 예쁘겠다." "핀으로 장식해볼까?" " 이것으로 무슨 게임을 할까?"와 같이, 작품의 정교화를 촉진하는 말을 해주거나 아이가 만든 작품을 놀이도구로 활용하면 효과적이다. 실제로 유치원의 프로젝트 수업에서는 유아가 만든 물건을 여러 영역과 관련짓고 다양한 방식으로 활용한다는 점에서 창의성 촉진에 의미가 있다.

부모 스스로의 정서조절도 중요하다

유아기는 우뇌가 주로 발달하는 시기라서 정서발달에도 중요한 때이다. 정서조절을 담당하는 전두엽 발달도 활발해서 정서조절을 관찰하고 실천할 기회도 필요하다. 다행히도 유아기는 의사소통이 가능하여 유아와 정서에 대해 대화할 수 있다. 가령, "네가 그렇게 하면 친구의 기분은 어떨까?", "엄마가 이렇게 할 때 네 기분은 어떠니?"와 같은 대화를 나눌 수 있다. TV나 책을 함께 보면서 등장하는 인물의 느낌에 대해 대화를 나누는 것도 좋은 경험이 될 수 있다. 하지만 이처럼 정서에 대한 대화를 하는 부모들마저도 가끔 감정조절을 못해 비일관적인 태도를 보이곤 하는데, 사실 이런 행동은 유아의 정서 발달에 강한 부정적 영향을 준다.

유아들이 모든 걸 참견하느라 밥을 천천히 먹는다든가, 뒷정리를 안 한다든다, 양치질을 안 한다든가, 늦잠을 잔다든가, 샤워를 하지 않으려 할 때에도 부모들은 '목표 행동'에 대해 '일관성 있게' 이야기해야 한다. 기분이 좋을 때는 "네가 제일이야. 너처럼 멋진 아이는 없을걸. 피곤하면 좀 더 자." 하고 말하다가, 기분이 나쁠 때는 "뭐 하나 제대로 하는 게 없어. 다른 애들은…… 당장 일어나."라고 말한다. 그러다 다음날 기분이 좋으면, 다시 "푹 자라." 하고 말한다면, 아이의 버릇을 고치지 못하는 건 당연하고, 이 과정에서 묻어난 부모의 혼란스런 정서 상태가 아이에게 그대로 전달된다. 그렇게 될 경우 아이들은 불안해하고 부모의 눈치를 보며 자신의 생각을 적절히 표현하지 못한 채 억눌러버린다.

그러면 정서지능이 낮은 부모의 유형과 그에 따른 몇 가지 예를 살펴보기로 하자. 첫째, 자신의 정서를 조절하지 못하는 유형이다. 이런 유형은 유아의 동일한 행동에 대해서도 자기가 기분 좋을 때에는 "괜찮아, 괜찮아"하고, 기분이 좋지 않을 때에는 이런 저런 말을 하면서 아이를 나무란다. 심지어 기분 좋을 때는 다소 그릇된 행동을 해도 대충 넘어가지만, 화가 났을 때는 사소한 것에 대해서도 용납이 안 되어 계속 잔소리를 하고 악을 쓰거나 체벌을 가한다. 이는 학교의 교사들도 마찬가지이다. 둘째, 아이의 정서를 무시하는 유형이다. 이런 유형은 예를 들자면 아이가 계속해서 "○○도 밖에서 노는데, 저도 조금만 놀면 안 될까요?"라고 말하면, "안 돼, 내가 안 된다고 몇 번이나 말했어. 너 그렇게 놀고 싶으면 그 집 가서 살아."라고 말하는 유형이다. 셋째, 아이를 위협하는 유형이다. 이런 부모는 아이의 나쁜 습관을 고치기 위해 "너, 빨리 손 안 씻으면 간식 안 준다. 어림없는 줄 알아."라고 말하거나 "너, 양치 안 하면 이번 주에 닌텐도 안 사줄 거다."라고 말하고, 그래도 말을 안 들을 경우에는 "그렇게 말 안 들을 거면 집에서 나가."라고 말하면서, 자신의 의지를 관철시키려는 유형이다.

우리는 주변에서 이런 부모나 교사들을 쉽게 접할 수 있다. 안타까운 건 가정이나 학교에서 부모나 교사의 이런 모습을 자주 본 아이는 점차 부모나 교사와 동일한 방식으로 행동한다는 점이다. 아이가 자신의 '의미 있는 타인'인 부모나 교사의 행동을 '첫 번째 대안'으로 택하기 때문이다. 따라서 아이의 정서지능 발달을 위해서는 무엇보다도 부모나 교사 자신이 정서를 조절하고 정서를 언어적·행동적으로 적절히 표현하는 모델이어야 한다.

아이의 솔직한 표현을 수용하라

유아들에게 나타나는 특징 중 하나는 자신의 생각을 솔직하게 표현하는 것이다. 그러나 유아의 솔직한 표현에 무조건 면박을 주거나 꾸중을 하기보다 다른 사람이 기분 나쁘지 않게 표현하도록 가르치면서 그런 표현을 교육적으로 활용해야 한다.

하나의 예를 들어보자. 아이들이 질서를 지키지 않고 너무 소란하여, 선생님이 "너희들 도대체 왜 그러니?" 하고 말씀하시는데, 한 아이가 그 장면을 보고 "선생님! 예쁜 말을 쓰셔야지요. 선생님은 아이들을 보살펴야 하잖아요. 그렇게 하면 아이들이 얼마나 속상하겠어요."라고 말했다. 독자가 이 말을 들었다면 어떤가? 당황스럽다는 게 일반적인 반응일 것이고 심지어 건방진 녀석이라는 생각이 들 수도 있다. 그러나 면박이나 꾸중을 당하다보면 아이는 자신의 솔직한 생각과 느낌을 감추게 된다.

부모나 교사는 이런 상황을 교육적으로 활용할 수 있다. 한 가지는 자기 느낌을 적절히 표현하는 걸 가르치는 것이다. 자기 느낌이 아무리 옳을지라도 머릿속에 떠오르는 대로 표현하다 보면 다른 사람의 기분이 언짢을 수 있음을 보여준다. 이를 위해서는 역할극 활동이 적절할 수도 있다. 다음으로는 자신의 잘못을 인정하는 걸 자연스럽게 시범보이는 것이다. 흔히 부모나 교사가 아이에게 "자신의 실수나 잘못을 인정하라" 말하면서, 정작 자신들은 그런 행동을 보이지 않는다. 그러다보니 아무리 실수나 잘못을 인정하라 해도 유아 역시 별 반응이 없다. 인정한 경우라면, 매나 꾸중이 무서워 인정하는 척하는 것인지도 모른다. 하지만 앞에서 소개한 유아의 말에 면박 대신 '아, 선생님이 실수했구나'라고 솔직히 말하면, 매우 다른 효과를 얻을 수 있다. 그렇게 할 경우 유아는 후에 자신의 실수나 잘못을 자연스럽게 인정하게 된다. 유아가 자신의 잘못이나 실수를 인정하면 '용기 있는 아이'라고 강화해주는 것 역시 잊지 말아야 한다.

다이아몬드 박사는 풍요로운 경험에 의한 시냅스 형성을 '매직트리'라고 멋지게 표현하였다. 그 후 우리나라의 많은 부모들은 그 연구결과가 유아들에게 액면 그대로 적용될 거라 생각하게 되었고, 마침내 부모들의 이런 관심이 상업적 이익을 추구하는 사람들의 관심과 맞물리면서, 우리나라의 많은 유아들은 과도한 학습량에 눌리게 됐다. 그러나 일찍부터 많은 양의 자료나 교구를 부여할 경우 뇌 발달에 심각한 영향을 줄 수 있다.

풍요로운 경험에 대한 잘못된 환상에서 벗어나자

첫째, 유아의 정보처리방식이 부정적으로 변화될 수 있다. 본래 유아는 주어지는 정보를 적극적으로 처리하는 특성을 가지고 있다. 유아들의 엄청난 호기심은 유아의 적극적인 정보처리방식을 잘 반영해준다. 그러나 유아가 일상에서 접하는 기본적인 정보 외에 부모들이 제시한 과도한 양의 정보까지 모두 적극적으로 처리하려 할 경우 뇌에 무리가 올 수 있다. 뇌에 무리가 오는 걸 피하기 위해 유아가 자신도 모르게 정보를 대충 처리하는 방식을 터득하게 되는데, 이런 정보처리방식은 자기주도적이고 적극적인 학습방식과는 정반대의 방식이다. 더구나 학습에 대한 과도한 요구는 유아에게 많은 스트레스를 주어 기억을 담당하는 해마가 위축될 수 있다. 결국 부모와 교사들이 풍요로운 경험으로 제공했던 자료나 교구가 유아에게 스트레스로 지각된 셈이다.

둘째, 학습에 대한 부정적 태도나 낮은 정서지능이 형성될 수 있다. 뇌 발달과 무관하게 어떤 과제를 너무 일찍 도입할 경우, 유아는 실패경험이 많아지고 이로 인해 학습에 대한 부정적 태도가 형성되어 이후 가능한 한 학습장면을 회피하려 한다. 또한 유아에게 많은 과제를 부여하려다 보면 어쩔 수 없이 유아를 다그치는 등 부모와 교사에게서 낮은 정서지능의 특성이 나타나고, 부모나 교사의 그런 모습은 유아의 정서지능 형성에 결정적인 역할을 한다. 이런 사실만 고려하더라도, 잘못된 조기교육은 인지 발달을 촉진하기는커녕 인지 발달과 정서 발달을 모두 방해할 것임을 짐작할 수 있다. 이처럼 뇌 발달에 비해 너무 빨리 너무 많은 과제를 부여하는 것이 심각한 문제점을 유발함에도 불구하고 한국의 경우 '풍요로운 경험'에 대한 신화는 계속되고 있다. 이 시점에서 유아의 뇌 발달을 촉진하는 풍요로운 경험의 올바른 의미와 적용방법에 대해 짚어볼 필요가 있다.

풍요로운 경험은 심각한 스트레스, 위협, 외상 등 뇌 발달에 부정적인 요소들이 없는 상태에서 선택의 기회, 도전적인 분위기 및 피드백을 제공하는 경험이라 할 수 있다. 유아 스스로 필요성을 인식할 기회 역시 중요하다. 또한 풍요로운 경험에는 인지 발달만이 아니라, 인지, 정서 및 신체 영역을 고루 촉진하는 활동이 포함되어야 한다. 실제로 뇌 발달이 비단 인지 발달에만 국한된 게 아니라 인지, 정서 및 신체 발달을 모두 반영하기 때문이다. 따라서 유아의 뇌 발달에 부응하는 교육은 특정 교과만을 집중적으로 가르치거나 너무 빨리 너무 많은 경험을 제공하는 조기교육이 아니라 오히려 보통교육을 담당하는 정규 유아교육과 동일한 맥락에 있다고 할 수 있다. 이런 까닭에 유아의 뇌 발달을 위해서는 유아가 보통교육을 담당하는 정규 유치원에 취원해야 한다.

그러나 한국교육개발원에 의하면, 우리나라의 경우 유치원 취원율이 2004년 29.5퍼센트, 2005년에는 32퍼센트로, OECD국가의 평균이 66.8퍼센트인데 비해 매우 낮은 실정이다. 더욱이 2005년 교육인적자원부에 따르면, 우리나라 3~5세 취원아 중 72.8퍼센트는 사립유치원에, 27.2퍼센트는 국공립유치원에 다니고 있어 사립유치원의 취원율이 공립유치원보다 2.7배 높은 실정인 것으로 나타났다. 이처럼 국공립

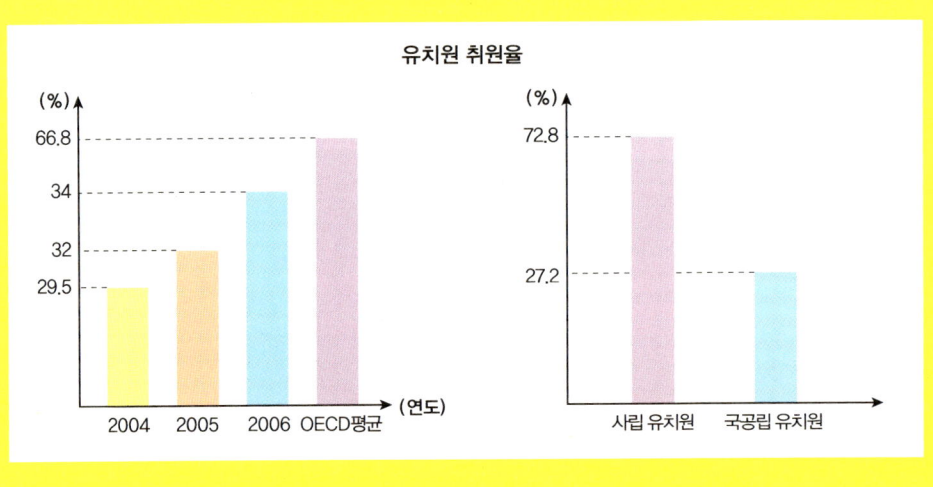

유치원 취원율

유치원이 적다는 사실은 뇌 발달에 부응하는 유아교육을 구현하는 데 또 다른 문제점을 유발한다. 사립유치원의 경우에는 유아의 뇌 발달 특성과 무관하게 더 빨리 더 많은 내용을 가르치길 원하는 학부모의 요구를 수용할 수밖에 없다. 설사 사립유치원에서 정규 보통교육을 한다 하더라도 오전반 유아들의 경우 오후에 여러 가지 조기교육을 받는다. 실제로 2004년 서울을 비롯해 전국 16개 도시 3~5세 유아 2,283명을 대상으로 조사한 결과, 74.8퍼센트의 유아가 방과 후에 유치원 외에서 1~2가지 조기교육을 받는 것으로 나타났다.

이런 사실에 비추어 볼 때, 현재 우리나라에는 보통교육을 받을 기회마저 없는 유아와 과도한 교육으로 지쳐 있는 유아들이 공존하고 있는 상태이다. 중요한 건 이들 두 집단의 유아가 모두 뇌 발달에 부적절한 환경에 있고 별로 행복하지 않다는 점이다. 이들 유아의 요구를 두루 충족시키기 위한 요건으로는 무상교육을 기반으로 한 유아교육의 공교육화를 들 수 있다. 물론 공교육화의 범위에는 직장여성의 요구를 고려한 방과후 에듀케어도 포함되어야 한다. 이처럼 유치원에서 모든 유아가 행복한 교육을 소신껏 할 수 있고 부모들의 보육문제까지 해결해준다는 점에서, 유아교육의 공교육화는 반드시 해결되어야 할 선결과제이다.

5 학습에 날개를 달아주자

아동기는 일상생활에 필요한 기능과 지식 습득이 주를 이루고 사춘기는 교양과 학문의 기반을 다지는 시기라는 점에서, 아동기 이후에는 실질적인 기능과 지식의 습득이 급증하며, 그 과정에서 아동들 각각의 개별성과 성취물들이 눈으로 보이기 시작한다. 그러다보니 부모나 교사가 겉으로 드러나는 결과에만 치중할 경우 자칫 학습과 관련된 부정적 사고나 무력감이 유발될 수 있다. 이런 부정적 요소를 최소화하고 아동의 뇌 발달을 최대화하기 위해 이 장에서는 아동기 이후의 뇌 발달을 살펴보고 이를 바탕으로 한 교육을 모색해보겠다. 먼저 아동기와 사춘기의 뇌 발달을 함께 살펴볼 것이다. 이 책의 주 관심사가 어린 '아이'라는 점에서 뇌 발달 촉진을 위한 교육에서는 아동을 중심 대상으로 아이디어를 제시할 것이다. 기초학습의 바탕 위에 고차적 학습이 이루어지고 정보처리방식이나 학습방법에 다소 공통점이 있다는 점에서 아동기의 교육방법 중 상당부분은 사춘기 학생에게도 적용이 가능하다.

아동기 뇌 발달의 특징

좌뇌의 발달이 활발하다

아동기에 이르면 좌뇌의 발달이 활발해진다. 아동기 이후의 문제해결, 말하기, 글쓰기, 시험 공부하기 등을 통해 논리적이고 체계적인 능력을 개발·활용하는 학교교육은 좌뇌 발달을 촉진하기에 적절하다. 다만 우리나라의 학교교육은 지나치게 인지 능력을 강조하는 좌뇌 위주이기 때문에 우뇌를 개발하고 활용하는 프로그램이 보완되어야 한다. 이유인즉 우뇌지향적인 학생의 경우, 좌뇌 위주의 학교교육에 적응하기 어렵고, 어떤 분야에서든 고차적이고 창의적인 활동은 좌뇌와 우뇌의 작용을 고루 요구하기 때문이다.

뇌량의 가운데 부분이 발달하여 언어 발달이 용이하다

아동기 뇌량의 발달을 살펴보면, 맨 앞부분의 발달이 활발하던 유아기와 달리 발달 부위가 가운데 부분으로 이동한다. 연상적 사고와 언어기능을 담당하는 칼로좀 이스무스 callosal isthmus는 7~12세 내내 80퍼센트 이상의 성장률을 보인다. 그러다가 13세 이후가 되면 이 부위의 성장률이 다시 0~25퍼센트로 현저히 감소한다. 이는 곧 아동기가 언어 발달에 중요한 시기임을 말해준다.

측두엽, 두정엽이 몰라보게 발달한다

전두엽의 시냅스 형성이 활발하던 유아기와는 달리 아동기에는 측두엽과 두정엽의 시냅스 형성이 활발해진다. 이는 뇌량의 발달이 중앙으로 이동하는 것과도 밀접한 관련이 있다. 이 두 부위는 각각 언어 능력과 공간지각 능력을 담당하는 부위이다. 언어 능력을 관장하는 측두엽이 급격히 성장함에 따라 한글 익히기, 외국어 학습, 글자 쓰기 등이 가능해진다. 공간지각 능력이 발달한다는 말은 곧 오감을 종합하여 환경을 인지하는 능력이 발달한다는 의미이다. 따라서 두정엽의 발달은 수학과 과학 등 입체적이고 논리적인 사고가 필요한 학습이 가능해짐을 나타낸다. 아동기는 수학 및 과학, 언어 학습의 적기이다.

시냅스의 가지치기가 시작된다

아동기의 시냅스는 유아기 때와 마찬가지로 시냅스 형성과 시냅스 제거가 균형을 이루고 있으나 여전히 시냅스의 수는 상당히 많은 상태이다. 이후 사춘기가 가까워지면서 아동기에 시냅스 형성과 제거가 균형을 이루던 상태에서 벗어나 시냅스 제거가 시냅스 형성을 앞지르게 된다. 물론 사춘기의 뇌에서 피질 전반에 걸쳐 시냅스가 가속적으로 제거되고 있지만, 전두엽에서는 여전히 시냅스 형성이 활발하다. 사춘기의 뇌에서 시냅스 제거가 활발해지는 것은 매우 자연스런 과정으로, 결코 우려할 현상이 아니다. 시냅스 제거를 통해 뇌에서 각 부분의 전문화는 촉진되는 반면, 가소성은 점차 감소하게 된다. 이것은 아동기가 새로운 지식이나 기능의 학습이 용이한 시기임을 의미한다. 이에 근거하면 중학교 이후에 시작하던 외국어 교육은 시냅스의 가속

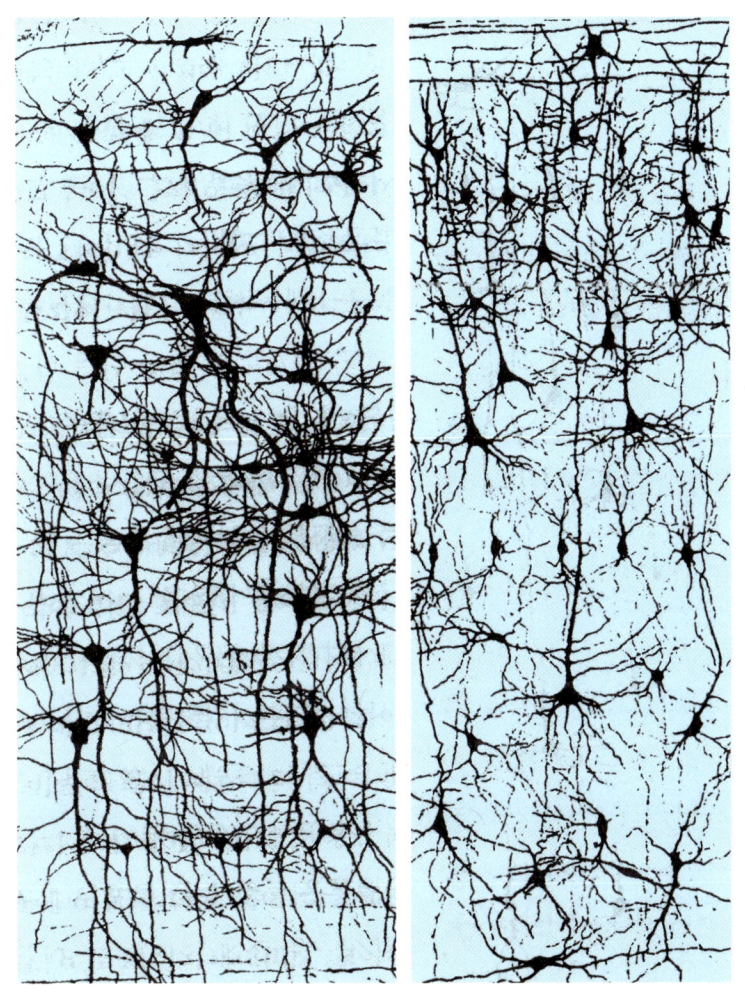

왼쪽 그림은 가지치기가 되기 이전의 시냅스이고, 오른쪽 그림은 가지치기가 된 이후의 시냅스이다. 아동기에 이르면 급격하게 증가하던 시냅스 연결망이 서서히 가지치기를 시작하고 사춘기가 되면 그 속도가 빨라진다. 시냅스의 가지치기와 더불어 뇌의 각 부분이 전문화된다.

적 제거가 시작된 후에 이루어졌다는 점에서 많은 한계점을 내포하고 있다. 그렇다고 해서 가소성이 풍부한 아동기에는 뭐든 가르치라든지 시냅스 제거가 가속화된 이후에는 지식이나 기능의 학습이 불가능하다고 해석하는 것 또한 오류임을 명심해야 한다. 시냅스의 제거는 뇌의 모든 부위에서 동일한 속도로 일어나지 않는다. 뇌간처럼 뇌의 고정된 망 부위에서는 변화가 적은 편이고, 대뇌의 피질부위에서는 시냅스 제거가 아주 극적으로 이루어진다. 이 무렵 피질 부위에서는 초당 약 33개의 시냅스가 제거되는데, 이러한 사실은 발달하는 뇌가 제 경험에 신속하게 반응하고 있음을 시사한다.

신체 및 인지 능력이 급격히 발달한다

아동기에는 눈에 띄게 운동 능력이 발달한다. 여러 가지 대근육 운동 기능 습득이 쉬워져 아동들은 자전거타기, 스케이팅, 수영, 줄넘기, 피구 등 여러 가지 놀이나 스포츠에 참여할 수 있다. 실제로 1~2학년 아동이 운동장에서 피구를 하는 모습을 보면, 동작이 서툴고 공을 제대로 다루지 못하지만, 5~6학년 아동의 경우에는 공을 다루는 솜씨나 동작, 공을 던지는 힘이 대단하다. 이는 중추신경계의 시냅스 형성이나 수초화와 더불어 대소근육과 관련된 운동기능이 발달하기 때문이다. 소근육의 운동기능의 발달은 글씨 쓰기, 악기 연주, 종이 오리기, 그림 그리기, 종이접기 등의 섬세한 활동들을 능숙하게 해낼 수 있도록 돕는다. 연필잡기마저 어색한 1학년 아동과 자기 생각을 글이나 그림으로 자유로이 표현하는 6학년 아동을 비교해보면 4~5년 사이에 얼마나 많은 신체적, 정신적 변화가 일어나는지 알 수 있다. 다양한 신체 근육이 발달하는 아동기는 새로운 운동 기능을 습득하기에 최적기이다.

아동기에는 신체 기능의 발달과 더불어 인지학습에 필요한 능력을 갖추게 된다. 주의집중 시간의 증가, 언어 능력의 향상, 학습전략의 습득 및 확장된 지식기반이 그것들이다. 우선 학습의 기초인 주의집중 능력이 발달해 일정시간 동안 학습에 몰두할 수 있다. 언어 발달의 경우, 3학년에 올라갈 무렵 학습의 기초를 이루는 읽기와 쓰기가 능숙해지고 새로운 어휘의 습득이 하루에 20개 정도로 크게 증가해 수업과 관련한 의사소통이 가능해진다. 고학년이 되면, 상대방이나 자신의 메시지가 분명치 않을 때 모호한 부분을 인식하고, 청자에게 적절히 말을 조절하여 전달하는 참조적 의사소통 능력이 발달한다. 아동기에는 일상적인 경험과 학습 덕분에 점차 지식기반이 확장되며, 이는 새로운 내용을 학습할 때 지지기반으로서 중요한 역할을 한다. 아울러 아동기에는 학습 성향이나 선호하는 교과가 점차 명확하게 두드러지며, 때로는 학습과 관련된 무력감이나 부정적 정서가 형성될 수도 있다.

정서의 질적인 변화가 나타난다

아동기에는 변연계와 피질의 상호연결이 보다 다양하게 이루어져 정서의 발달에서도 질적인 변화가 나타난다. 학년이 높아지면 아동은 점차 다양하고 복잡한 정서를 이해한다. 또한 자기인식 능력, 타인의 정서를 이해하는 능력, 자신의 정서를 이해하고 표현하는 능력, 정서 조절 능력이 상당히 발달한다. 이 무렵의 아동은 인간이 어떤 대상에 대해 상반된 두 가지의 감정을 가질 수 있음을 이해한다. 뿐만 아니라 당황스러움, 죄책감 등의 2차 정서가 발달하면서 다른 사람에게 피해를 주는 행동을 하지 않게 된다. 이런 정서 능력을 발휘해 아동이 교우관계를 비롯한 대인관계에서 성취감을 맛보며 점차 정서에 대한 자기효능감이 증가한다. 정서의 발달은 그 자체로서나 대인관계를 위해서도 중요하지만 학습을 위해서도 중요한 역할을 한다. 어릴 때부터 정서적으로 안정된 환경에서 자란 아동은 학습에 더욱 긍정적인 반면, 두려움, 불안함, 짜증이 많은 아동은 학습 활동시 주의를 집중하지 못한다.

아동기의 아이를 위한 양육 지침

자아존중감을 키워주자

아동기에 이르면 다양한 운동기능, 기초 지식, 언어 등의 습득이 용이해진다. 학습하는 도중 아이는 많은 것을 성취함에도 불구하고 그 과정에서 발생하는 개인차로 인해 자아존중감을 크게 잃기도 한다. 자아존중감이란 '아이가 자신이 지녔다고 생각하는 특성에 대한 느낌'이다. 기존에 발표된 연구에 따르면 초등학교 3학년부터 자아존중감이 낮아지기 시작해 6학년에 이르면 크게 감소하는 것으로 나타났다. 자아존중감의 감소는 자칫 학습된 무력감learned helplessness으로 이어질 수도 있다. 학습된 무력감은 아동기 중기 이후, 학업실패가 반복적으로 누적될 경우에 나타나며, 학습된 무력감이 있는 아동은 자신이 무능하다고 믿기 때문에 어떤 과제가 주어지면 실패할 것으로 예측한다. 따라서 노력을 포기하게 되고 그로 인해 무력감이 한층 강화되는 악순환에 빠진다. 심지어 특정 교과에 대한 무력감이 모든 측면으로 일반화되어 아동의 성격으로 고착될 수도 있다. 더욱이 부모나 교사가 다른 학생들과 비교를 할 경우, 학업실패로 인한 무력감이 더욱 심각해진다. 물론 부모나 교사는 교육적인 의도로 다른 아이의 우수성을 말해줌으로써 동기를 유발하려고 그러겠지만, 아이의 뇌는 비교에 위기감을 느끼고 뇌 기능이 다운시프트$_{downshift}$된다.

아이가 행복한 마음으로 능력을 발휘하게 할 방법은 '아이의 장점을 찾는 것'이다. 아이의 장점을 찾아 인정해주다 보면 아이는 자신의 단점까지 보완하려 시도한다. 단점만을 강조할 경우에는 뇌가 다운시프트되어 장점마저 빛을 발하지 못한다.

필자는 예비교사들에게 성공적인 교사가 되려면 모든 아이에게서 장점을 찾는 게 가장 중요하다고 말한다. 그런데 예비교사들이 교생실습을 나가기 전에는 그 말에 적극 동감하다가, 교생실습을 다녀오면 생각과 태도가 곧 돌변하곤 한다. 즉, 어떤 아이는 아무리 장점을 찾으려 해도 장점이 안 보인다는 것이다. 그러면 필자는 "다른 아이들과 비교하여 장점을 찾으려 하지 말고 그 아이의 여러 가지 특성 중에서 가장 나은 부분을 보라"고 말한다. 아이들에게서 찾을 수 있는 특성으로는 다중지능 이론에서 제시하는 8가지 지능뿐만 아니라, 배려, 노력, 자기조절, 공감, 리더십, 친사회적 행동, 심지어 밝은 미소까지도 포함될 수 있다. 아울러 필자는 아이의 장점을 찾는 능력이 수학을 잘 가르치는 능력 못지않게 중요하다고 덧붙인다. 장점을 기반으로 아이가 스스로 결정하고 주도할 기회를 제공하면 아이는 자신의 장점을 발휘할 뿐만 아니라 적극적인 학습자로 변해갈 것이다.

올바른 먹을거리 지도가 필요하다

초등학교 입학과 더불어 아이들은 용돈을 활용해 본인이 직접 물건을 구입하는 활동을 하게 된다. 그러다보니 부모가 먹을거리 선택의 주도권을 갖고 있던 유아기 때까지와는 달리, 초등학교 입학 이후에는 탄산음료, 과자류, 인스턴트 식품을 접하는 일이 크게 증가한다. 그런데 이런 음식들은 아이의 뇌 발달에 부정적으로 작용한다. 아이들이 즐겨 마시는 탄산음료는 이뇨작용을 촉진해 더욱 갈증을 느끼게 한다. 이뇨작용을 하는 물질은 뇌 혈관을 수축해 뇌척수액의 생성을 줄여서 뇌를 탈수시키기 때문에 심할 경우에는 두통을 유발하기도 한다. 그밖에 소다수, 다이어트 음료, 인스턴트 과일주스에 들어 있는 다량의 설탕과 염분은 신경계의 이온수준 유지에 이용할 수분을 사용해버린다. 그런 음료들이 신진대사에 유익한 수분을 공급한다 하더라도, 처음에는 음료를 분해하는 데 필요한 소화액을 만드느라 다른 부위에서 수분을 가져와야 하기 때문에 궁극적으로는 갈증을 촉발한다. 따라서 몸에 좋지 않은 작용들에 대해 부모가 틈틈이 쉽게 설명을 해주면서, 물과 자연식품을 아동이 거부감 없이 섭취할 수 있도록 식생활 지도를 해야 한다.

탄산음료 외에 쿠키, 스낵 등 당류가 많이 함유된 음식을 선호하는 것도 관심을 가져야 할 부분이다. 당류는 학습문제에 영향을 주는 스트레스-질병-면역체계의 사이클에서 부정적으로 작용한다. 이 사이클은 주로 스트레스나 아드레날린 호르몬의 증가에서 시작되며, 이로 인해 막전위가 낮아져 아무 자극에나 민감한 세포가 생성되어 면역체계가 약화된다. 이 경우에는 호흡기 질환이나 중이염에 쉽게 걸린다.

아이들이 이런 질병에 걸리면 장기적으로 항생제를 투여한다. 항생제는 효모균의 성장을 억제하는 유산균을 줄어들게 만든다. 또 효모균은 유산균보다 더 빨리 성장하므로 짧은 기간에 크게 증식된다. 더욱이 당류가 많이 함유된 식사를 할 경우에는 체내에 누적된 당류를 기반으로 효모균의 번식이 용이해진다. 효모균의 과잉성장은 알코올 같은 독소의 배출로 이어지고 알코올은 소화기관에서 혈액으로 옮겨져 전두엽에 영향을 준다. 전두엽은 소근육 협응, 고차적 추리, 행동을 통제하는 내적 사고를 담당하므로, 알코올의 영향이 치명적이다. 실제로 그로 인해 주의산만, 행동문제, 파괴적 행동, 조급함, 당류식품에 대한 요구 증가, 과행동성, 우울증, 자폐 행동 등이 나타날 수 있다. 즉, 체내에 알코올이 많은 아동은 술을 마시지 않아도 술 취한 사람에게 나타나는 증세가 나타나는 것이다. 따라서 효모균 번식에 따른 알코올 생성을 차단하려면 당류가 적은 식사를 해야 한다. 그밖에 효모균이 체내에서 하는 역할로는 코르티솔 생성을 들 수 있다. 물론 위험상황에서는 코르티솔이 경계태세를 유지하는 데에 크게 기여하지만, 학습과 기억에는 부정적으로 작용한다. 이런 사실을 고려할 때, 부모나 교사의 올바른 식사지도나 간식지도가 한층 중요시된다.

지나친 인터넷 사용이나 컴퓨터 게임을 금지해라

최근 서울 시내 초등학교 5~6학년 아동 263명을 대상으로 한 연구에서 40퍼센트 이상이 게임 위험군에 속하고 그중 5.7퍼센트는 고위험군에 속하는 것으로 나타났다. 이들의 뇌가 가소성이 풍부하고 아직 발달중임을 고려하면, 고위험군에 속하지 않은 약 34퍼센트의 아

장시간 컴퓨터 게임에 열중할 경우 엄청나게 많은 시청각 자극이 주어짐에도 불구하고 전두엽은 활성화되지 않는다. 이는 화면이 너무 빨리 움직여 전두엽에서 화면을 제대로 처리할 만한 시간이 없기 때문에 고차적 사고나 조절능력이 발달할 기회가 박탈된다.

동마저도 고위험군으로 전락할 가능성이 높다. 이는 뇌에서 분비되는 도파민의 작용과 관련된다.

어떤 물질이나 행위가 뇌의 쾌감 중추를 자극하면 도파민이 집중 분비된다. 물론 배고플 때 밥을 먹거나 어려운 수학문제를 풀었을 때에도 도파민이 분비된다. 사람은 한번 쾌감을 맛보면 그 쾌감을 기억하여 다시 맛보려 한다. 그런데 음주, 흡연, 마약, 도박, 게임 등에 중독될 경우에는 도파민이 과다분비된다. 강력한 도파민 자극에 익숙해지면 소소하고 자연스런 행복이나 기쁨에 만족하지 못한다. 게임에 중독된 아동들은 일상생활이나 공부를 통해 얻는 작은 기쁨보다 게임에 몰입할 때의 강한 쾌감을 기억하며 다시 게임에 빠지게 된다. 게임 중독에 빠지면 학습이나 교우관계를 소홀히 하게 되는 이유가 바로 그 때문이다.

장시간 컴퓨터 게임에 열중할 경우 엄청나게 많은 시청각 자극이 주어짐에도 불구하고 전두엽은 활성화되지 않는다. 유아나 아동의 지나친 비디오 시청을 자제해야 하는 이유와 같은 맥락이다. 컴퓨터 게임의 경우에도 화면이 너무 빨리 움직여 전두엽에서 화면을 제대로 처리할 만한 시간이 없기 때문에 고차적 사고나 조절 능력이 발달할 기회가 박탈된다. 더욱이 게임에 몰두한 아동은 온라인상의 화면과 실제 장면을 동일 뇌 부위에서 처리해 현실세계와 가상세계를 혼동하게 된다. 대부분의 게임이 파괴적이고 공격적이라는 점을 고려할 때에 게임 중독은 단순히 중독의 문제를 넘어 아이의 정서를 폭력적인 상황에 노출시킴으로써 아동의 뇌를 전투적인 모드에 익숙하게 만든다는 문제도 있다.

아이가 주의집중할 수 있는 환경을 만들어라

요즘 많은 부모나 교사들이 아이들의 주의산만을 걱정한다. 학습의 제1조건이 주의집중력이기 때문이다. 여기에서는 아동의 주의력을 높일 수 있는 방법을 몇 가지 소개하고자 한다.

첫째, 아이 주변에서 산만요인을 최소화하고 환경을 구조화해야 한다. 사실 주의산만아의 환경을 검토해보면 주의산만 요인에 둘러싸여 있는 경우가 다반사이다. 책상 위에 공부할 내용만 놓고 주변을 깨끗이 정리해서 아이의 주의를 끌 요소들을 최대한 제거해야 한다. 교사가 주의산만아를 본인에게 가까이 앉혀 가르칠 경우, 아이는 정보의 출처에 집중하기 쉽고 교사의 시야에서 벗어나지 않게 된다. 환경을 일정하게 구조화하면 아이의 행동 반경이 예측 가능해진다는 장점이 있다.

둘째, 뇌에는 주의집중의 고-저 사이클이 있어서 장기적으로 주의를 유지하기 어렵다는 점을 명심하고, 주의 사이클을 적절히 활용해야 한다. 즉, 아이에게 뭔가를 가르친 후 적절한 처리시간을 주어 새로 형성된 시냅스가 강화되도록 해야 한다. 학습이 이루어지려면 외부의 정보 수용과 내부의 정보처리가 둘 다 필요하지만 이 두 가지가 동시에 이루어질 수는 없기 때문이다. 따라서 공부시간의 20~30퍼센트만 부모나 교사가 설명하는 데 할애를 하고, 그밖의 시간에는 아이가 배운 내용을 처리하는 데 도움이 되는 여러 가지 활동을 마련해야 한다. 학습의 난이도가 높을수록 아이가 내부에서 처리할 수 있는 시간을 더욱 많이 마련해주어야 한다는 점도 명심해야 한다. 그런 활동으로는 실험, 관찰, 만들기, 그리기, 문제해결, 마인드맵, 토의 등을 들 수 있다.

셋째, 공부시간의 흐름을 잘 활용해야 한다. 아이들은 수업의 처음과 끝에 접한 내용을 회상하는 경향이 있으므로, 수업 초반에는 주요 내용을 설명하고, 맨 마지막에 요약한 후 다음에 공부할 내용을 간단히 소개해야 한다. 특히 강의의 중간과 후반 사이에 기억량이 떨어질 무렵에는 특이하고 재미있는 시각자료나 예화를 활용해 레스토르프 효과(139쪽 참조)를 극대화해야 한다. 특히 아이가 주의산만아일 경우에는 공부시간 내내 가만히 앉아 듣고만 있게 하는 것보다 다양한 참여활동을 하도록 하는 것이 필수적이다. 공부시간 사이사이에 잠깐의 휴식시간 역시 필요한데, 이 방법이야말로 선두효과와 최신효과를 활용하는 최선의 방안이다.

넷째, 아이의 호기심과 의미형성 능력을 적극 촉진하고 활용해야 한다. 아이들은 자신의 호기심을 자극하는 자료에 주의를 집중한다. 하지만 우리 뇌는 새로운 정보에 접했을 때 예전에 활성화된 적이 있거나 그와 일치한 네트워크를 발견할 수 없으면, 새로운 정보에 주의를 기울이지 않는다. 일치하는 네트워크가 없을 경우에는 뇌에서 그 정보를 이해하는 데 도움이 될 네트워크를 다시 탐색해보지만, 역시 아무것도 발견할 수 없으면 새로운 정보를 아예 무시해버린다. 즉, 뇌에서 새로운 정보를 무의미한 것으로 해석해버린다. 그러다보니 아이의 호기심을 유발하는 것들은 대부분 아이에게 의미 있는 것이기 마련이다. 따라서 아이의 호기심이나 의미형성 능력을 적극 촉진하다 보면 아이가 자연스럽게 학습내용에 집중하게 된다.

체계적인 언어교육의 최적기임을 기억하라

　아동기에 들어서는 7세 무렵 언어를 담당하는 측두엽이 성숙하므로 초등학교 1학년 때부터 체계적인 언어교육을 하면 효과적이다. 다행히도 이런 언어교육은 초등학교 입학과 맞물려 자연스럽게 이루어진다. 그래서 초등학교 입학 직후에는 낭독과 글씨 쓰기가 가장 큰 발달과업이지만, 학년이 올라갈수록 글을 읽고 중심생각을 찾거나 자신을 표현하는 활동이 주를 이룬다. 학년이 올라감에 따라 읽기나 글씨 쓰기가 목표에서 도구로 변해간다.

　학령기 언어 발달에서 가장 두드러진 부분은 어휘 발달이다. 학령기 아이들의 경우 다양한 책을 접하고 생활권이 넓어져 초등학교를 졸업할 무렵 약 40,000개 정도의 어휘를 습득하고, 사용하는 어휘도 물리적이고 구체적인 어휘에서 점차 심리적이고 추상적인 어휘로 변해간다. 특히 이 무렵에는 접속사나 형용사의 사용이 다양해진다. 가령, 아이들의 일기를 보면 1학년 때에는 단순 연결이 주를 이루어 '그리고'가 제일 많이 등장하지만, 학습을 통해 여러 가지 접속사를 접하게 되면서 '하지만', '~때문에', '그러나', '그런데' 등 다양한 접속사를 사용하게 된다. 형용사의 발달양상도 두드러지는데, 1학년 때에는 자신의 기분을 '즐겁다', '재밌다', '슬펐다'로 표현하지만, 점차 '당황스러웠다', '미안한 생각이 든다', '후회스럽다', '고민스럽다', '속상했다' 등 2차정서를 표현하는 어휘가 등장한다.

　물론 유아기와 마찬가지로 언어 발달 과정에서 가끔 오류가 나타나기도 한다. 가령, 초등학교 저학년 아이가 "선생님, 어제 서울랜드에 갔다 왔다요"라고 말하는 경우가 있는데, 이는 "선생님, 어제 서울랜드에 갔다 왔어요"라는 말을 잘못 표현한 예이다. 심지어 초등학교 고학년의 경우에도 '상관쓰지 마' 같은 표현을 하기도 하는데, 이는 '상관하지 마'와 '신경쓰지 마'라는 동일한 맥락의 언어를 잘못 사용한 예라 할 수 있다. 이런 학령기의 언어오류들은 부모나 교사의 교정과 더불어 점차 사라진다. 학령기 아이들의 경우에는 시제, 존칭어, 호응관계에서 특히 실수가 많은 편이다. 가령, 4학년 아이마저도 어른에게 "밥 먹으세요"라고 말하는 경우가 있는데, 점차 "진지 드세요"라는 말로 대체되어간다. 올바른 교정 과정을 거치면서 점차 글쓰기와 말하기의 오류가 줄어든다. 또한 창조적 의사소통 능력이나 논리적 사고력이 발달하면서 대상을 고려해 글을 쓰고 말이나 문장의 논리성이 증가한다.

따라서 학령기에 아이가 책을 많이 읽고 부모나 교사와 많은 대화를 나누며 교정적인 피드백을 받을 경우 언어 발달이 크게 촉진될 수 있다. 이렇게 모국어만 학습하는 경우에도 다양한 오류가 나타나고 많은 교정적 피드백이 필요한데, 우리나라에서는 유아기부터 영어교육 열풍이 이상할 정도로 대단하다. 심지어 요즘에는 영어몰입교육까

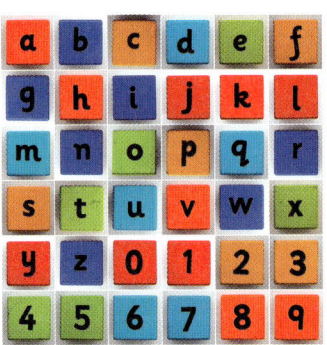

영어 교육의 경우 언어기능을 담당하는 측두엽이 무르익는 시기인 7세 무렵 이후에 시작하면 학습효과가 높아진다. 또한 아이가 초등학교에 적응한 후에 도입하는 것이 좋다.

지 등장하면서 그런 추세가 가속화되는 실정이다. 그러나 영어교육 역시 측두엽이 성숙하는 7세 이후에 시작하는 게 적절하다. 필자는 유아기에 꼭 해야 하는 게 있는가 하면 좀 늦게 해도 되는 게 있다고 생각한다. 그중 대표적인 것이 영어학습이다. 영어의 경우 유아기에 도입하는 것보다 오히려 언어 기능을 담당하는 측두엽이 무르익고 아이가 초등학교에 적응한 후에 도입하는 게 더 적절할 것이다.

학습 전략을 가르쳐라

아이들은 학습해가는 과정에서 자연스럽게 학습 전략을 습득한다. 가령, 1학년 때에는 단순 반복하여 외우는 초보적인 전략을 사용하다가, 학년이 올라가면서 점차 조직화 전략, 정교화 전략, 상위인지 전략 등 고차적 전략을 습득해간다. 그러나 학습 전략의 습득 정도에서도 개인차는 나타난다. 가령, 우수아의 경우에는 학년증가와 더불어 점차 고차적인 학습 전략을 활용하는 반면, 부진아의 경우에는 학년 증가와 무관하게 주로 시연 전략에만 의존한다. 물론 중간 수준의 아이라면 학습 전략의 활용 정도도 우수아와 부진아 사이에 속할 가능성이 높다.

따라서 교사가 수업시간에 학습 전략을 도입해 활용할 경우 아이들의 뇌가 자연스럽게 '학습하는 방법'을 익히게 된다. 가령, 교사가 사회시간에 여러 개념들을 설명하면서 조직화 전략을 활용한 걸 보고, 아이가 혼자 공부할 때 그런 방식으로 공부했다면 아이가 학습하는 방법을 학습했다고 할 수 있다. 하지만 모든 아이들이 그처럼 자연스럽게 학습 전략을 익히는 건 아니다. 그럴 경우에는 교사가 직접 수업을 통해 학습 전략을 가르칠 수도 있다. 실제로 학습장애아 대상의 많은 연구에서는 학습 전략을 도입·적용하여 긍정적인 결과를 얻은 바 있다.

학습 전략 중 가장 고차적 전략은 '자신의 인지과정을 인식하고 조절하는' 상위인지 전략이다. 상위인지 활용을 촉진하는 방법 몇 가지를 제시하면 다음과 같다. 첫째, 교사의 질문에 답하는 방법을 적절히 안내하여 상위인지 활용을 촉진할 수 있다. 가령, 초등학교의 경우 교사의 어떤 질문에 여러 아이들이 같은 대답을 반복하는 경우가 많다. 즉, 친구가 말한 내용을 단순히 되풀이한다. 그럴 경우 교사가 "다른 사람이 발표하는 걸 잘 듣고 그와 다른 생각이나 보충할 내용에 대해 말해보세요"라고 말한다. 그렇게 하는 과정에서 아이들은 동료의 발표내용과 자기 생각을 비교, 분석, 검토하면서 자기 생각을 정리해 발표하게 된다. 결국 자연스럽게 상위인지를 사용하게 된다. 둘째, 토론수업을 통해서도 상위인지 활용을 촉진할 수 있다. 이유인즉 토론이 제대로 이루어지려면 일단 다른 사람의 의견을 잘 듣고 자기 생각과 동료의 생각을 비교, 분석, 검토해야 하기 때문이다. 물론 교사는 토론수업을 하기 전에 토론방법을 적절히 지도하고, 미리 주제를 줘서 아이들이 자기 생각을 정리한 후에 토론에 들어가야 한다. 셋째, 글쓰기에서도 상위인지 활용을 촉진할 수 있다. 그중 가장 손쉬운 방법으로 동료교정을 들 수 있다. 쓰기시간에 자신이 쓴 글을 짝과 바꿔 교정함으로써 상위인지 활용을 촉진할 수 있다. 특히 아이들이 어려워하는 논설문을 지도할 때에는 논설문에 필요한 글의 요소를 제시하고 그 요소에 비추어 자기 글을 검토한 후 동료교정을 하게 하면 상위인지 능력이 향상될 뿐만 아니라 점차 좋은 글을 쓰게 된다.

쉬는 방법도 배워야 한다

아이들의 하루 생활을 살펴보면 어른들의 생활 못지않게 긴장과 스트레스로 가득 차 있음을 알 수 있다. 요즘 아이들처럼 어려서부터 긴장된 생활을 한다면 그들의 30, 40대는 어떨까? 몇 십년 후가 아니라 당장 지금도 아이들은 그다지 행복하지 않을 것이다. 더욱이 과도하게 긴장된 생활은 부모나 교사들이 바라는 학습 결과에도 부정적인 영향을 준다. 과도한 스트레스 상황에서는 고차적 사고를 담당하는 피질과 기억을 담당하는 해마가 제 기능을 하기 어렵기 때문이다. 이를 고려할 때 아이의 행복감, 효과적인 학습 결과, 건강한 생활을 위해 아이들이 나름대로 이완할 수 있는 방법을 안내해야 한다.

가장 손쉬운 이완방법은 좋아하는 음악이나 책을 접하는 것이다. 자신이 좋아하는 음악이나 책에 빠져 있다 보면 자연스럽게 몸과 마음이 이완된다. 잠깐 근처의 공원을 산책하는 것도 도움이 될 수 있다. 물론 좀 더 적극적인 방법으로는 규칙적인 운동을 들 수 있다. 절

대적인 학습시간 부족으로 규칙적인 운동시간을 확보하기가 어렵긴 하지만 운동을 통해 건강한 체력을 유지하고 스트레스 호르몬이 감소한다는 점에서 장기적으로 큰 효과를 기대할 수 있다.

교사들이 교실에서 활용할 만한 손쉬운 방법으로 명상훈련을 들 수 있다. 아침자습시간에 10~20분 정도 명상훈련을 하는 것만으로도 정서의 안정, 불안과 우울 증세의 감소 등에 큰 효과를 얻을 수 있다.

스스로 자라도록 기다려주자

뭔가를 막 하려던 참에 옆에서 누군가 그걸 하라고 하면 어떤 느낌이 드는가? 갑자기 하고 싶은 마음이 사라질 것이다. 어쩌면 아이들은 항상 그런 상황에 처해 있는지도 모른다. 어른 입장에서는 '이미 충분히 놀았는데' 하는 마음이 들겠지만, 아이의 시간개념이 어른과 다르다보니 아이 입장에서는 저항이 생길 수 있다. 그래서 부모가 매사에 개입을 하는 것보다 스스로 계획을 세워 하게 한 후 가끔 모니터해주는 게 더 좋다. 여기에서는 아이들의 주요 관심사인 시험점수, 숙제, 교우관계를 중심으로 기다림이 필요한 이유를 알아보자.

보통 시험을 본 후 점수가 나오면 아이도 자기가 잘한 건지 못한 건지를 대충 파악을 한다. 그래서 나름대로 계획을 세워 공부하려 한다. 이때 부모는 물론 아이가 뭘 틀렸는지 왜 틀렸는지를 확인해보고 교정해줘야겠지만, 아이에게 성적이 떨어졌다고 과도하게 나무란다면 아이의 뇌에서 주도성과 의지 대신 불안과 무력감이 유발된다. 결국 부모의 의도와는 정반대의 결과가 생기는 셈이다. 따라서 습관적인 게 아니라면 시험결과에 너무 일희일비할 게 아니라 모르는 척하면서 아이를 기다려주어야 한다. 부모가 앞서서 아이를 가르칠 때보다 관심을 가지고 지원하면서 기다려줄 때 얻는 게 더 많을 수 있다. 아이가 주도적으로 공부를 할 경우에는 많은 시행착오를 겪다보니 그 성과가 다소 늦을 수는 있겠지만, 그 과정에서 아이는 주도성, 좌절내성, 성취감 등을 맛보게 될 것이다.

초등학교 1, 2학년 방학과제 전시회를 보면 마치 부모들의 솜씨자랑 코너처럼 보인다. 아이에게서 도저히 나올 수 없는 작품들이 전시되어 있는 것이다. 물론 부모들은 아이가 하는 게 마음에 차지 않아 그렇게 해 줄 것이다. 그러나 그런 일이 반복되다 보면 아이는 스스로 숙제할 필요성을 느끼지 못하고 점점 의존하게 되며 숙제를 하는 과정에서 얻게 되는 문제해결, 인내심, 좌절내성, 효능감을 얻지 못하게 된다.

이런 현상은 공부뿐만 아니라 교우관계에서도 마찬가지이다. 초등학교 고학년 아이들의 일기를 보면 '우리 반의 ○○는 얌체이다. 선생님 앞에서는 내숭을 떨면서, 친구들끼리 있을 때는 엉망이다'와 같은 교우관계의 불만들을 털어놓는 문구가 심심찮게 등장한다. 뿐만 아니라 그 무렵에는 사소한 일로 친구끼리 다퉈서 사이가 틀어졌다 화해하는 일이 빈번하다. 그럴 때마다 부모나 교사가 개입하여 문제를 해결하려다 자칫 문제가 커지거나 잘못될 수도 있다. 그럴 경우에 교사는 아이의 일기내용이나 교실에서 일어나는 상황을 유념하되 직접 개입하는 것보다 아이들의 행동을 세밀히 관찰하며 기다려주어야 한다. 가정에서도 마찬가지이다. 설사 어른들이 개입해 문제가 잘 해결된다 하더라도 그럴 경우에 아이들은 대인관계 문제를 해결하는 능력을 배울 수 없고 문제 해결 후에 느끼는 뿌듯함도 맛볼 수 없다.

아이를 사랑하는 마음에서 부모나 교사가 매사를 미리 안내해주고 문제를 해결해주고 싶겠지만, 아이 스스로 주도하고 해결해야 할 사안에 대해서는 인내심을 가지고 기다려주어야 한다. 한 발짝 물러나 아이를 바라봐줄 때 아이의 주도성, 좌절내성, 문제해결력, 효능감, 인내심이 길러진다.

정서조절 능력을 가르쳐라

정서는 인간의 행복을 크게 좌우하는 것으로 인간의 삶에서 수학이나 영어 못지않게 중요하다. 그럼에도 불구하고 우리는 아이를 기르면서 정서를 인식하고 표현하며 조절하는 방법을 별로 중시하지 않는다. 실제로 대부분의 부모나 교사들은 아이와의 대화에서 정서보다 인지를 강조한다. 그런 경험이 쌓이면서 아이들은 무의식적으로 정서적 능력을 과소평가하게 된다.

가정이나 교실에서 아이들은 지적 성취에 대해서는 긍정적인 피드백을 많이 받지만, 바람직한 정서행동에 대해서는 별로 긍정적인 피드백을 받지 못한다. 가령, 수학점수를 100점 받으면 칭찬을 많이 받지만, 화가 날 상황에서 자신의 정서를 조절해 예의 바르게 말한 것은 그리 높이 평가되지 않는다. 심지어 아이가 정서조절을 못하고 심하게 짜증냈을 때 아이를 달래어 아이의 짜증이 학습효과를 얻어 강화되기도 한다. 이때 부모나 교사가 명심할 사항은 어려서 짜증을 내어 뭔가 얻은 게 있는 아이라면 다음에도 짜증을 내어 욕구를 충족시키려 한다는 점이다. 이런 사실을 고려할 때 부모나 교사는 아이가 정서

조절을 못하고 짜증을 낼 때는 그런 방법으로는 아무것도 얻을 수 없음을 인식시키는 동시에 바람직한 정서행동에 대해서는 긍정적인 피드백을 제공해야 한다. 또한 아이의 바람직한 정서행동을 위해서는 부모나 교사가 '일회적 관심'으로 그칠 게 아니라 '끊임없이 인내력을 발휘'해야 하고 스스로도 '바람직한 정서모델'이 되어야 한다.

성장과정에서 문학작품, 음악, 미술, 무용 등을 다양하게 접하게 되면 정서함양과 풍부한 상상력을 키울 수 있다.

아이의 정서 발달을 위해 부모나 교사가 주목해야 할 또 다른 한 가지는 고급 정서를 맛볼 기회를 제공해야 한다는 점이다. 아이들은 문학작품, 음악, 미술, 무용 등을 접하면서 고급 정서를 맛보고 다양한 상상력을 체험한다. 하지만 입시위주의 교육이 주를 이루는 우리나라의 현실에서는 아동기 이후에 이런 고급 정서를 체험할 기회가 턱없이 부족하다. 이런 까닭에 아이의 고급 정서 체험을 위한 의도적인 노력이 필요하다. 가정에서 할 수 있는 손쉬운 방법으로는 문학작품을 극화한 영화를 보거나 음악회, 전시회, 공연 등을 관람하는 것이다. 학교에서는 교과서에 나오는 작품을 중심으로 교사가 관련 문학작품, 음악, 미술, 무용 등을 적절히 소개할 수 있다. 가령, 음악책에 모차르트의 작품이 나왔을 때 다른 모차르트의 작품도 들려주거나 미술책에 고흐의 작품이 나왔을 때 다른 고흐의 작품을 보여준다면, 아이가 자연스럽게 예술작품을 접하고 정서적으로 풍요로워질 것이다.

도덕성을 길러주자

아동기는 가치기반을 다지는 시기이다. 실제로 아동기의 작은 경험들은 훗날 한 개인의 가치관 정립에 영향을 준다. 더욱이 아직 아이들은 전두엽이 성숙하지 않아서 스스로 조절하거나 올바른 가치판단을 하기가 어렵다. 그렇다고 해서 부모나 교사가 아이 대신 가치판단을 해줄 경우 아이의 전두엽에서 판단 능력이 발달할 기회가 박탈된다. 게다가 평생 그렇게 해줄 수도 없는 일이다. 따라서 아이의 전두엽이 성숙할 때까지는 부모나 교사가 아이의 전두엽 역할을 적절히 대행하면서, 아이가 바람직한 가치기반을 서서히 다져가도록 해야 한다. 이와 관련된 몇 가지 예로는 관점, 규칙준수, 가치판단을 들 수 있는데, 이들 각각에 대해 간단히 살펴보면 다음과 같다.

아이가 무언가를 바라보는 관점은 아이 자신에게 큰 영향을 준다. 예를 들어 교사가 "오늘 6교시에 수업 대신 ○○하자"라고 말하면, "선생님, 빨리 하고 싶어요" 하고 말하는 아이가 있는가 하면, "5교시만 하고 그냥 끝내주지" 하고 생각하는 아이가 있다. 교실에서 주어지는 동일한 경험을 아이들이 서로 다르게 본다는 것이다. 아이들이 어떤 경험에 대해 다르게 보는 건 당연한 일이다. 관점이란 아이의 선행 경험이나 정서에 따라 얼마든지 달라질 수 있기 때문이다. 그런데 여기에서 중요한 건 어떻게 보느냐에 따라 아이의 이후 경험이 달라진다는 점이다. 전자에게는 6교시의 활동이 풍요로운 경험이 되겠지만, 후자에게는 스트레스로 와 닿을 것이다. 결국 전자의 경우 풍요로운 경험을 통해 많은 걸 얻고 스트레스를 덜 받아 뇌가 건강할 것이다. 반면에 후자의 경우에는 얻는 게 별로 없고 스트레스를 받아 뇌가 긴장할 것이다. 학습기회나 경험을 아이가 어떻게 바라보느냐에 따라 그 결과가 크게 달라진다는 점을 고려하면 관점에 대한 긍정적인 지도 역시 필요한 부분이다.

초등학교 1, 2학년 아이들이 물건을 훔치거나 시험점수를 고치거나 거짓말을 하는 등 도덕적으로 문제가 있는 행동을 저지르는 경우가 있다. 그런 상황에 접하면 많은 부모나 교사들이 "바늘도둑이 소도둑이 된다."는 말을 반복하며 훗날 뭐가 되려고 그러냐는 식으로 나무라는 경우가 많다. 물론 그런 행동을 단호하게 나무라는 태도는 필요하다. 그러나 이와 더불어 그런 행동을 하면 왜 안 되는지를 다양한 각도에서 설명해주어야 한다. 그 또래의 아이들은 훔치거나 시험점수를 고치거나 거짓말을 하는 게 왜 나쁜지도 모르고, 순간적인 욕심에서 그런 행동을 한 것뿐이기 때문이다. 설사 그들이 '그런 행동이 나쁘다'고 말했다 하더라도 스스로 가치판단하여 인식한 결과가 아니라 어른들이 나쁘다고 말했기 때문에 나쁘다고 한 것뿐일 수도 있다. 따라서 이들에게는 그런 행동이 왜 나쁜지를 느낄 수 있는 역할극을 하거나 관련 동화나 예화를 소개하여 규칙이나 법을 지켜야 하는 이유를 인식하게 해야 한다.

요즘 인터넷이나 TV를 통해 많은 정보들이 범람하고 있다. 정보를 판단할 능력이 부족한 아이들은 인터넷에서 접하는 정보를 액면 그대로 수용할 수 있다. 실제로 요즘 아이들은 이전 아이들에 비해 정신적인 가치보다 인터넷이나 방송에서 클로즈업되어 부각되는 외모나 물질을 중시하는 경향이 많다. 더욱 문제가 되는 건 폭력물이나 음란물이다. 요즘 영화를 보면 끔찍할 정도로 잔인한 폭력장면들이 등장하고 그런 폭력이 미화되는 게 일쑤이다. 아동이나 사춘기 학생들이 그런 폭력물을 본다면 어떤 가치를 갖게 될까. 음란물도 마찬가지다. 심지어 일반 공영방송에서도 아이들이 시청하는 시간대에 선정적인 장면이 나오는 경우가 있다. 공영방송이 그럴 정도니 유선방송이나 인터넷의 위험수위는 어느 정도일지 가히 짐작이 된다. 아직 가치판단이 서지 않은 아이들은 단순한 호기심으로 이런 행위들을 모방할 수도 있다. 실제로 얼마 전에 대구에서 일어난 초등학생 성폭력사건도 이와 같은 맥락에서 볼 수 있다. 범람하는 정보의 부정적 영향을 막으려면 부모와 교사들이 아이를 긴밀히 관찰하고 그런 사항들을 소재 삼아 수시로 대화를 나누어야 한다.

몰입의 기쁨을 체험하게 하라

독자들도 한번쯤 무언가에 푹 빠져 시간가는 줄 몰랐던 적이 있을 것이다. 이렇게 깊이 집중하는 상태를 미국 시카고 대학교의 칙센트미하이Csikszentmihalyi Mihaly 박사는 '몰입flow' 상태라고 규정했다. 마치 '물 흐르는 것처럼 편안한 느낌', '하늘을 자유롭게 날아가는 느낌'이기 때문이다. 부모나 교사들에게 '몰입' 하면 떠오르는 생각은 당연히 '어떻게 하면 아이가 공부에 몰입할 수 있을까?'일 것이다.

아이가 학습과제에 몰입하려면 과제가 아이의 능력보다 약간 높은 것이어야 한다. 너무 쉬워도 지루할 수 있고, 너무 높으면 스트레스를 받을 수 있다. 몰입을 자주 느끼는 사람은 성장할 수밖에 없다. 실제로 몰입하고 있을 때에는 공부의 효과도 높아질 뿐만 아니라 행복감과 성취감도 높아진다. 아이의 몰입경험을 촉진하기 위해 몰입의 주요 요소를 살펴보면 다음과 같다.

- 아이의 능력을 약간 상회하는 과제
- 과제에 주의집중함

- 명확한 목표가 있음
- 성공과 실패에 대해 즉각적 피드백이 있음
- 너무 몰입한 나머지, 일상을 의식하지 못함
- 행동을 스스로 통제하고 있다는 느낌이 듦
- 몰입을 하는 동안에는 자아감이 사라졌다가, 몰입이 끝나면 자아감이 더 강해짐
- 시간개념이 왜곡되어 몇 시간이 몇 분처럼, 몇 분이 몇 시간처럼 느껴짐

미국의 심리학자 미하이 칙센트미하이 박사의 『몰입의 즐거움』. 칙센트미하이 박사는 어떤 일에 푹 빠져 내가 나임을 잊는 경지를 '몰입flow' 이라고 일컬었다. 이런 몰입의 경험은 학습의 성취도를 증진시키며, 단순히 좋은 성적을 받는 것에 머무르는 것이 아니라 몰두를 통한 자존감과 행복감을 얻게 한다.

위에 열거한 몰입의 주요 요소를 간단히 보더라도, 요즘 우리 아이들의 학습 환경이 몰입을 위한 환경과는 상당히 거리가 멀다는 걸 알 수 있다. 아이가 한 번이라도 몰입의 즐거움을 맛보면 아이의 뇌에서 그걸 기억해두었다가 다시 맛보려 할 텐데, 우리 아이들은 애초부터 몰입의 기회를 박탈당하고 있다. 그건 바로 다양한 경험을 제공한다는 이름으로 잡다한 뷔페식 경험이 제공되기 때문이다. 실제로 아이가 학교에서 배우는 과목, 학원수강 과목, 부모들이 추가로 제공하는 기타 경험들을 생각해보자. 아이들이 이런 상황에서 언제 어떻게 몰입의 즐거움을 맛보겠는가?

우리 아이들이 공부를 통해 몰입경험을 느끼지 못하다보니 아이들은 여가나 다른 뭔가를 통해 즐거움을 맛보려 한다. 그러나 사실 여가시간보다 공부를 통해 즐거움을 얻기가 더 쉽다. 왜냐하면 공부는 몰입에 필요한 조건들, 목표, 피드백, 도전 등을 갖추고 있기 때문이다. 그럼에도 불구하고 아이들 대부분은 자신의 육체적, 정신적 자원을

사용해 몰입을 경험하기보다 운동경기를 보거나 멍하니 텔레비전을 시청하거나 음악을 듣는다. 이런 대리참여는 일시적으로 공허함을 달래주거나 이완하는 데에는 유익할 순 있겠지만, 도전을 통해 얻을 수 있는 몰입경험을 주지는 못한다.

이제 부모와 교사들은 아이의 행복과 성장을 위해 아이가 몰입을 느낄 기회를 마련하는 방안을 깊이 생각해보아야 한다. 예를 들어 어떤 경험에서든 아이가 앞에서 열거한 8가지 요소 중 4~5가지에 해당되었다면 그 경험에 재미와 의미를 조금만 추가해도 몰입을 유도할 수 있을 것이다.

우리가 흔히 십대라고 부르는 사춘기는 심리적으로나 신체적으로나 엄청난 변화가 찾아온다. 도무지 이해할 수 없는 행동들만 골라서 하는 십대들의 반항과 좌절감과 가능성의 비밀은 어디에 있는 걸까. 『뇌를 알면 아이가 보인다』의 주요 관심 대상은 출생 직후의 신생아에서부터 취학 아동까지지만, 사춘기를 맞이한 청소년의 뇌도 한 번쯤 살펴볼 필요가 있기에 Tip으로 몇 가지 특징들을 제시해보려 한다.

청소년들의 뇌에서는 무슨 일이 벌어지고 있을까?

인지적 사고가 크게 발달한다

사춘기에 접어든 학생들은 아동기까지 쌓아올린 각종 경험들을 기반으로 시냅스와 수초가 질적인 발달을 이룬다. 이로써 추상적인 사고와 가설-연역적 사고가 가능해진다. 이러한 뇌 발달은 학생들이 교과를 공부하는 데 필수적이다. 이 무렵 학습 능력이 우수한 학생들은 풍부한 지식기반과 다양한 학습 전략을 습득해 좋은 성적을 얻게 된다. 그러나 성적이 뒤떨어진 학생들의 경우 선행학습 부족, 부정적인 학습경험, 어설픈 학습 전략으로 인해 학습동기가 떨어지고 무력감이 생겨 점차 학습을 멀리할 수도 있다.

정서조절이 어려워진다

아동기에 접어들어 상당히 발달한 정서조절 능력이 사춘기에 이르면 오히려 퇴행한 것처럼 보인다. 실제로 사춘기 학생들은 사소한 일에 대해서도 쉽게 흥분하고 화를 낸다. 소위 이야기하는 '이유 없는 반항'의 시작이다. 이런 질풍노도의 시기를 겪는 이유는 성性호르몬의 증가로 편도가 과잉자극을 받기 때문이다. 연구결과, 동일한 상황에서 사춘기에 접어든 학생은 편도로 반응하는 반면, 성인은 전두엽으로 반응하는 것으로 나타났다.

수면의 패턴이 변화한다

사춘기의 학생들은 아동이나 성인에 비해 수면에 필요한 신경전달물질인 멜라토닌melatonin이 1~2시간 늦게 분비되어 밤 늦게 잠자리에 들게 된다. 늦은 취침 시간은 사춘기 학생들의 기상시간을 아동이나 성인에 비해 늦게 만드는 요인이다. 하지만 우리나라에서는 입시로 인해 공부시간의 절대량을 확보하기 위해 학생들이 늦게 자고 일찍 일어나는 현상이 반복되고 있다. 앞에서 보았듯이 기억을 공고히 하는 과정에서 수면의 역할은 매우 중요하다. 충분한 수면이 부족해지는 상황에서 가장 먼저 삭제되는 수면의 단계가 기억공고화에 기여하는 렘 수면 단계라는 점을 기억하자. 잠을 줄이는 것보다 깨어 있는 동안 시간을 효율적으로 활용하는 방안을 찾아야 한다.

도파민의 분비가 증가한다

사춘기의 특징 중 하나로 도파민 분비의 증가를 들 수 있다. 도파민은 즐거움이나 중독과 같은 쾌 정서를 느끼게 하는 신경호르몬이다. 일종의 흥분제라고 볼 수 있다. 도파민 분비가 증가하면 창의적인 아이디어가 풍부하게 생산되고, 여러 가지 자극을 추구하며 심지어 위험을 감수하는 모험적인 행동을 하기도 한다. 이들은 뭔가 새로운 걸 시도하고자 하고 이는 심지어 '폭주족'과 같은 일탈행동으로 이어지기도 한다.

사춘기 무렵 발생 위험이 높은 뇌 관련 질병으로 정신분열증을 들 수 있다. 대부분의 다른 질환들과 달리 정신분열증은 내내 잠복되어 있다가 사춘기 이후에 발병한다. 정신분열증을 앓는 뇌는 몇 가지 특징을 나타내는데 그중 하나가 뇌의 도파민 수치가 높아지는 것이다. 이는 앞에서 논의한 사춘기의 도파민 분비 증가와도 관련이 있을 것으로 보인다.

흡연과 음주는 청소년들의 뇌에 치명적이다

사춘기 학생들의 흡연이나 음주는 뇌에 치명적이다. 이들의 흡연이나 음주가 성인의 흡연이나 음주에 비해 뇌에 더 치명적이다. 이는 사춘기 학생들의 뇌가 아직 발달중이기 때문이다. 한 연구에 따르면, 14세부터 술을 마신 18세 학생의 뇌는 여전히 14세의 뇌 발달 수준이라는 연구결과가 있다. 음주로 인해 뇌의 발달이 진척되지 못함을 의미한다. 동일한 음주량일 경우에도 청소년들은 성인보다 단기간에 알코올 중독이 된다. 알코올 중독일 경우 뇌실이 확대되고 해마가 손상된다. 해마는 기억의 중추이므로 학생들의 학습과 일상생활에 치명적인 영향을 미친다.

왜 사춘기는 질풍노도의 시기일까?

아동기를 지나 사춘기를 향해 가는 과정에 이르면 아동의 뇌에서는 시냅스의 형성보다 시냅스의 제거가 활발히 이루어진다. 그러나 전두엽에서만큼은 시냅스의 형성이 여전히 활발하다. 이로 인해 사춘기에는 정서조절이 쉽지 않아 많은 어려움을 겪는다. 전두엽의 시냅스가 아직 정리되지 못한 상태에서 성 호르몬의 영향을 받아 편도가 과잉활성화되기 때문이다. 사춘기를 질풍노도의 시기라고 부르는 까닭이 바로 여기에 있다. 사춘기를 지나고 성인기 초기가 되면 전두엽의 시냅스가 정리되고 성호르몬이 안정되면서 점차 정서조절이 가능해진다.

아래의 사진에서 붉은색 부분은 회백질의 시냅스가 더 많고 파란색 부분은 회백질의 시냅스가 더 적은 부분이다. 나이가 들어감에 따라 뇌가 성숙하고 시냅스 제거가 진행되면서 회백질이 파랗게 되어감을 알 수 있다. 이는 기초기능을 담당하는 부위는 먼저 성숙하고 추리나 실행기능을 담당하는 전두엽은 가장 늦게 성숙함을 보여준다. 다른 뇌 부위들에 비해 늦게 성숙하는 전전두엽 같은 부위가 유전의 영향을 비교적 적게 받고 환경의 영향을 크게 받는데, 이는 부모나 교사들이 명심해야 할 사항이다.

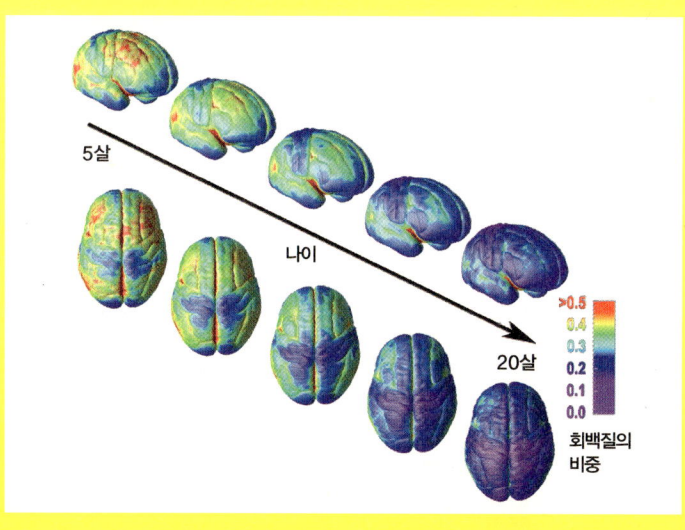

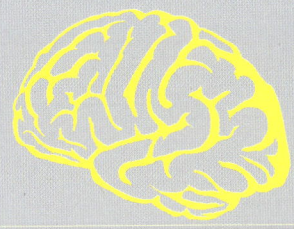

4부 · 특수 아동들의 뇌

"아이에게 무엇이 결여되었는지를 보지 말고
무엇이 있는지를 보라. 그러면 아이는 변할 것이다."

대럴드 트레페르트 Darold A. Treffert
위스콘신 의과대학교 임상심리학과 교수

우리 아이도 영재일까? 1

요즘 인터넷을 비롯해 책이나 TV 프로그램을 보면 우리나라 부모들이 영재에 대한 열망이 얼마나 큰지를 쉽게 알 수 있다. 영재란 한 분야 이상에서 수행수준이 특별히 우수하거나 그럴 잠재성이 있는 사람이다. 이런 영재의 개념에 비추어 볼 때 요즘 '누구나 영재가 될 수 있다'고 표방하는 프로그램들은 이미 영재의 개념을 무시하고 들어가는 셈이다. 물론 여기에는 다중지능 이론에 대한 오해가 한몫을 하고 있다. 아동의 다양성을 인정하고 활용해서 잠재성을 개발하자는 취지의 다중지능 이론이 우리나라에 들어와서는 영재성을 개발하는 프로그램들을 위한 논리로 둔갑되고 있는 것이다. 부모나 교사들은 다양한 잠재성과 다양한 영재성의 개념을 구분해야 한다. 외국에서는 장애아를 대상으로 하는 프로그램이 국내에서 영재 프로그램으로 둔갑하여 활개를 치기도 한다. 이들이 제시하는 영재 프로그램들이 과연 아이

요즘 인터넷을 비롯해 다양한 매체에서 아이의 잠재력을 일깨우는 영재교육에 대한 이야기들이 넘쳐난다. 우리나라 부모들의 영재에 대한 과잉된 열망은 뇌과학 연구결과를 과일반화하여 올바른 영재교육을 그르칠 수도 있다는 점에서 우려가 크다.

들의 영재성을 신장시켜줄지에 대해서 필자는 매우 의심스럽다. 영재에 대한 왜곡이 무성한 시점에서 영재의 뇌를 살펴보는 것은 영재는 물론이고 범재를 이해하는 데에도 의미 있을 것이다. 그러면 영재들의 뇌가 가지는 특징을 알아보자.

영재들의 뇌 발달 특징

전두엽의 발달 속도가 남다르다

왜 많은 영재들은 범재에 비해 어른스러울까? 이는 부분적으로나마 전두엽과 변연계의 성숙속도 차이에 기인한다. 변연계는 양쪽 측두엽 사이의 깊은 곳에 있으며, 정서 메시지를 도출하고 해석하며 저장하는 부위이다. 변연계는 10~12세 무렵에 거의 성숙하는 반면, 전두엽의 수초화는 훨씬 더 오래 걸리고 18~20세쯤 마무리된다. 이는 전두엽이 뇌의 모든 영역과 교류하기 때문이다. 결국 변연계에 비해 전두엽의 성숙이 약 8년간 늦어지는데, 이는 앞에서 살펴보았듯이 충동적이고 모험적인 사춘기 행동의 원인이 되기도 한다.

일련의 연구결과들은 영재가 또래 집단의 범재들에 비해 더 성숙한 행동과 의사결정을 하는 것은 전두엽 용량이 더 크기 때문이라 말한다. 영재의 전두엽 용량이 더 크다는 것은 곧 그들의 뇌에서 수초화가 더 신속하고 폭넓게 일어나 그들의 전두엽이 범재에 비해 빨리 성숙함을 의미한다. 이들의 연구 중 하나는 30명의 영재 청소년, 30명의 범재 청소년 및 30명의 대학생을 대상으로 뇌파의 일종인 알파파 활동을 측정했는데 과제가 주어졌을 때, 영재 청소년의 알파파 수준은 범재 청소년의 알파파 수준보다 대학생의 알파파 수준과 더 비슷했다. 이는 영재 청소년이 또래의 범재 청소년에 비해 뇌가 더 성숙한 상태임을 말해준다.

좌뇌와 우뇌의 상호보완이 뛰어나다

영재의 양반구는 어떨까? 현재 영재 관련 연구들은 전두엽과 좌·우뇌 관련 연구가 대부분이다. 특히 수학영재와 과학영재에 대한 연구들이 주를 이루고 있다. 한 실험에서는 수학영재 청소년, 일반 청소년, 일반 대학생을 대상으로 연구했는데, 수학영재 청소년들의 경우, 다른 두 집단에 비해 좌·우뇌 간의 교류 정도에서만 우수했다. 이는 영재들의 경우 두 반구간의 교류 외에 우반구도 활발했다고 보고한 이전의 연구들과 다소 차이를 보인다. 그후 또 다른 실험에서 일반 청소년과 수학영재 청소년을 대상으로 머릿속에서 도형을 회전하는 과제를 제시한 결과, 수학영재의 양쪽 뇌에서 여러 부위들이 활성화된 것으로 나타났는데, 이는 영재들의 경우 좌·우뇌를 상호보완적으로 활용하기 때문이라고 설명할 수 있다.

수학과 과학 외에 좌·우뇌와 관련된 영재의 뇌 연구로는 단연코 음악 분야를 들 수 있다. 음악가와 일반인을 대상으로 연구한 결과에서는 음악가의 뇌량 앞부분이 의미 있게 큰 것으로 나타났다. 음악 관련 좌·우뇌에 대한 연구에서는 음악가들의 경우 좌뇌의 측두평면이 더 큰 것으로 나타났다. 이처럼 좌·우뇌 관련 연구에서 영재들의 좌·우뇌 교류가 활발하다는 데에는 전반적으로 일치하고 있으나, 좌뇌나 우뇌 우위優位 부분에 대해서는 연구결과가 다소 불일치하는 것으로 보아 추후 연구대상, 교과, 과제의 성격이나 수준 등을 고려한 반복연구가 필요할 것으로 보인다.

신경 연결망의 효율성이 뛰어나다

영재의 학습과정은 어떨까? 학습을 통해 자극이 반복되어 신경회로가 효율적으로 조정되면, 새로운 회로를 형성하는 데 필요한 역 threshold이 낮아진다. 결과적으로 이후의 학습에서는 조금만 반복해도 강한 신경회로가 형성되어 학습속도가 빨라지는데, 이를 신경효율성 neural efficiency이라 한다. 지능의 중요한 측면이 학습속도라면, 신경회로가 신속히 형성되는 사람은 어떤 면에서든 영재일 가능성이 높다. 유전적 소인이 신경효율성에 영향을 주는 요인임은 확실하지만, 환경에 의해 향상될 수 있다는 증거 또한 상당하다.

신경효율성은 오랫동안 영재의 뇌를 설명하는 핵심 요인이었다. 이 견해에 따르면, 영재의 뇌는 과제를 더 빠르고 정확하게 수행할 수 있

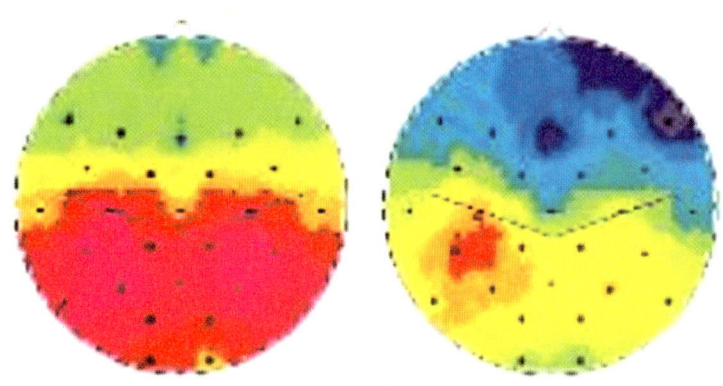

이 그림에서 붉은색은 뇌의 활동이 활성화된 상태를 의미한다. 새로운 과제를 제시했을 때 지능이 낮은 집단(왼쪽)은 제시된 과제를 해결할 때에 피질이 전반적으로 활성화된 반면, IQ가 높은 집단(오른쪽)에서는 두정엽 부분만 약간 활성화되었다. 이는 지능이 높은 사람들의 경우 많은 노력을 들이지 않고도 지적 문제를 해결할 수 있다는 연구결과를 지지해준다. 영재는 뇌의 신경효율성이 높다는 의미이다.

는데, 이유인즉 영재의 뇌에는 아주 효율적으로 협력하는 거대한 네트워크가 있기 때문이라는 것이다. 실제로 이 견해를 지지하는 실험적 증거가 제시되었다. 지능과 창의성을 중심으로 영리한 집단, 영재 집단, 창의적 집단, 보통 집단으로 분류한 후, 수렴적·논리적 사고를 요구하는 폐쇄적인 문제와 적응적 의사결정을 요구하는 창의적인 문제를 제시한 연구에서 폐쇄적인 문제를 해결할 때 IQ가 높은 영재 집단과 영리한 집단이 IQ가 보통인 다른 두 집단보다 문제를 쉽게 해결하는 것으로 나타났다. 또한 창의적인 문제를 해결할 때는 창의성이 높은 영재집단과 창의적 집단이, 창의성이 보통인 다른 두 집단보다 문제를 쉽게 해결하는 것으로 나타났다. 이런 결과는 문제해결 과정에서 영재가 많은 노력을 할 필요가 없었음을 보여주는 것으로, 이는 높은 신경효율성의 지표이기도 하다.

작업기억이 우수하다

영재의 기억력은 어떨까? 영재의 뇌와 관련해 가장 주목받는 기억은 주의나 문제해결과 직결된 작업기억이다. 많은 연구에서는 작업기억과 지능 간에는 높은 상관이 있는 것으로 나타났는데, 이는 전두엽의 작업기억 담당 부위에서 추가적 처리를 하기 때문이다. 따라서 영재의 경우 범재에 비해 작업기억 용량이 더 클 것이라 예측할 수 있다. 작업기억을 담당하는 전전두피질의 용량이 클 경우 문제해결 과제에 주의집중하고, 설사 간섭자극이 있더라도 이를 무시하며 과제수행에서 더 우수하다는 연구결과도 발표된 바 있다.

작업기억과 관련해 꼭 짚고 나가야 할 부분은 음악가들의 작업기억이다. 물론 일반 연주일 경우에는 이들이 장기기억에서 인출하여 연주하겠지만, 즉흥연주일 경우에는 작업기억을 주로 활용한다. 문제는 일반인의 작업기억 항목 수가 7±2개에 불과한데, 음악가들은 어떻게 즉흥적으로 다양한 변주를 하느냐는 것이다. 이에 대해 연구자들은 뇌파의 조화진동수harmonic frequency가 항목을 묶어주는 매체라 말한다. 결국 음악가의 뇌는 조화진동수와 동조하여 민감하기 때문에 일반인에 비해 묶음이 훨씬 더 크며, 작업기억의 묶음이 효율적으로 장기기억된다.

이상의 논의를 통해 영재들의 경우 간섭자극을 무시하고 해당 과제에 주의집중하며 다양한 방식으로 작업기억 용량을 확대함을 알 수 있다. 물론 영재들은 정보입력이 신속하고 우수하며 지식기반이 광범위하여 감각기억이나 장기기억 역시 우수하겠지만, 여기에서는 영재 관련 기억연구의 주 관심분야인 작업기억으로만 제한했음을 밝혀둔다.

영재가 아니어도 성공할 수 있다는 믿음이 중요하다

지금까지 발달, 전두엽 크기, 좌·우뇌, 학습, 기억을 중심으로 영재의 뇌를 살펴보았다. 이를 통해 어떤 단일 요인이 아니라 여러 가지 요인이 영재성과 관련됨을 알 수 있었다. 물론 영재가 되려면 모든 요소에 해당되어야 하는지, 한 가지 요소에만 해당되어도 되는지, 아니면 이들 요소가 상호작용하는 것인지에 대해서는 많은 논의가 필요할 것으로 보인다. 전두엽의 경우 위의 여러 요소에서 반복적으로 나타나, 이 부위가 영재성과 밀접한 관련이 있음을 다시 한 번 확인할 수 있었다. 다행히도 이들 부위는 뇌에서 가장 늦게까지 발달하는 부위이다. 이것은 곧 교육의 존재의미이기도 하다. 그렇다고 해서 너나없이 영재를 만든다는 주장 또한 환상이다. 영재를 만들려다 영재는 고사하고 아이들이 과도한 스트레스를 받거나 정서적으로 불안할 경우에는 그들의 전두엽이 제 기능을 다할 수 없기 때문이다. 이런 사실에 비추어볼 때, "누구나 영재가 될 수 있다"는 구호에 끌려 아이를 밀어붙이는 것보다 "영재가 아니라도 성공할 수 있다"는 믿음으로 기다리고 지원해주는 게 아이의 잠재성 계발이나 행복을 위해 필요하다.

2 산만한 우리 아이 혹시 ADHD는 아닐까?

우리가 흔히 ADHD라고 부르는 질환은 주의력결핍 과잉행동장애의 줄임말이다. ADHD는 아동기에 주로 관찰되는 행동 장애로, 지속적으로 주의력이 부족하여 산만하고 충동성을 보이는 증상을 나타낸다.

ADHD는 가족력이 있다 보니 오랫동안 유전 가능성이 의심되어왔다. 연구결과에 따르면 ADHD 아이는 최소한 ADHD 친척이 하나 정도 있으며, 어려서 ADHD였던 아버지들 중 3분의 1이 ADHD 자녀를 두는 것으로 나타났다. 또 일란성쌍생아들의 경우에는 한 명에게 ADHD가 있으면, 다른 한 명에게도 ADHD가 있을 것으로 추측된다. 이런 연구결과는 ADHD가 유전가능성이 아주 높음을 시사해준다.

그러나 ADHD가 유전적 성향이 있다고 해서 양육과 학교교육의 영향을 받지 않는 건 아니다. 오히려 ADHD 유전자는 후천적 요인에 아주 민감해서, 환경에 따라 유전적 특성이 얼마나 발현될지가 달라진다. 더구나 부모나 교사가 ADHD라고 생각하는 상당수의 아동이 실제로 ADHD 환자가 아니라 유사 ADHD일 뿐이라는 점도 주목해야 한다. 즉 부모와 교사가 ADHD 아이를 어떻게 대하느냐에 따라 그들의 발달과 상호작용 방식이 달라진다는 의미이다.

일부 과학자들은 생물학적 요인보다 오늘날의 가족패턴 변화나 양육문제가 ADHD 아동의 증가와 관련될 거라 보고 있다. 요즘 많은 아이들이 아주 어려서부터 낯선 사람들에게 보육되고, 비디오 게임이나 TV 시청을 빈번히 하는 생활에 익숙해지면서, 유사 ADHD 아동이 더욱 증가한 것 같다.

아이들 중에는 유사 ADHD 행동을 하지만 ADHD가 아닌 경우가 있다. 다른 요인이 유사 ADHD 증세를 유발한 것이다. 일부 연구에서는 유아의 TV 시청이 증가할수록 주의집중에 문제가 더 많고 불안하며 충동적인 것으로 나타났다. 이를 기반으로 연구자들은 ADHD의 경우 유전 요인이 크지만 환경 역시 중요하다고 지적했다. 그래서 ADHD 아동이 TV 시청을 너무 많이 할 경우에는 그 증세가 악화될 수 있고, 심지어 ADHD가 아닌 경우에도 유사 ADHD 증세가 나타나게 된다.

학교 같은 공공장소에서 어떻게 해야 할지 배우지 못한 아이들 중에는 그들의 행동이 ADHD처럼 보이는 경우가 있다. 이들의 경우 적절한 행동을 배우면 문제가 사라질 수 있다. 그런가 하면 음식에 대한 알레르기 반응으로 과잉행동이 나타날 수도 있다. 그런 아이라면 행동조절을 위해 식이요법이 필요할 것이다. 이외에 ADHD의 요인으로 스트레스 반응, 약물의 부작용, 경직된 학교환경을 들 수 있다.

어떤 이유에서든 요즘 많은 부모와 교사들이 ADHD 아동들이 많다고 호소하고 있다. 이런 시점에서 일반아를 지도하는 부모나 교사라 하더라도 ADHD에 대해 이해할 경우 일반아의 주의산만을 이해하고 주의집중을 촉진하는 데 도움이 될 것이다. 이를 위해 여기에서는 주의 관련 신경 네트워크를 간단히 소개하고, ADHD 아동의 뇌에 대해 살펴본 후에 ADHD 아동을 위한 지도방법으로 나아가기로 하겠다.

ADHD를 이해하는 열쇠, 주의 관련 신경 네트워크

학습을 위해서는 뇌의 주의집중이 중요하다. 주의를 집중하려면 경계alerting, 지향orienting, 실행적 통제executive control를 담당하는 신경네트워크가 협력해야 한다. 경계는 맨 먼저 뇌간에서 일어나며, 이는 뇌가 배경자극과 진행중인 활동을 억제하고 새로운 자극에 관심을 갖는 데 도움이 된다. 아동들 중에는 교사가 수업시간에 조용히 하라고 말하거나 집에서 부모가 무엇을 하라고 지시할 경우, 전혀 주의를 기울여 듣지 않고 아무런 행동 조치를 취하지 않는 아동들이 있다. 이는 아동의 경계체계에 문제가 있기 때문이다. 피질 내부와 변연계 부위의 지향체계는 다른 모든 정보전달을 억제하면서, 온갖 주의를 동원하여 기대한 정보를 처리한다. 교실에서 교사가 행동을 안내하는 경우, 어떤 아동은 교사의 말을 듣기는 하지만 별 관심을 갖지 않는데 이는 지향체계에 문제가 있기 때문이다. 실행적 통제는 대뇌의 이성

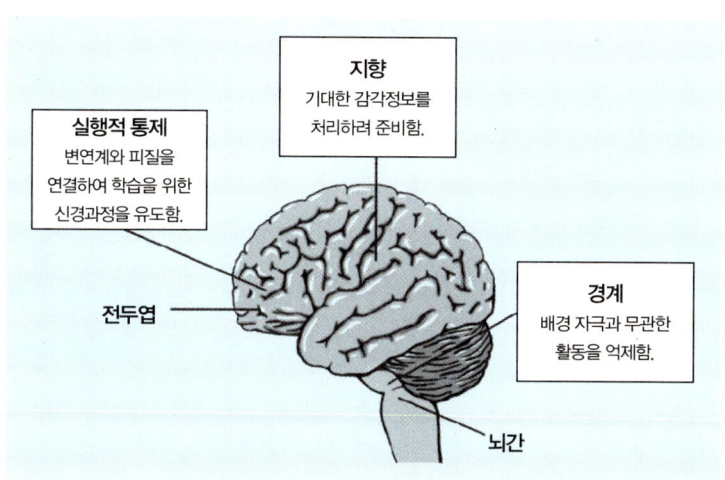

중추와 변연계를 연결해, 해당 정보에 대한 반응방법을 판단할 여러 신경과정을 안내한다. 이 세 체계의 어디에서든 문제가 생기면, 과행동과 충동성을 동반한 주의장애가 발생할 수 있다.

간단한 예 하나를 들어보기로 하자. 가령, 저녁에 친구와 수다를 떨며 한가로이 산책하고 있는데, 갑자기 숲 속에서 바스락 소리가 들려왔다. 이때 경계체계가 그 소리를 탐지한 후 말을 멈추고 친구의 말을 처리하는 것도 억제한다. 그동안 지향체계는 소리가 난 쪽을 판단하고, 고개를 돌려 소리가 어디서 났는지 둘러보며 소리정보를 처리한다. 다음에 어떻게 해야 할지 판단하는 건 실행적 통제가 담당한다. 이 경우에 놀란 다람쥐가 고개를 들고 달아났다면, 당신의 전두엽에서 별일 없으니 마음을 놓고 계속 산책을 하라고 지시한다. 하지만 성난 개가 보였다면, 실행적 통제와 변연계 등이 협력해 빨리 달아나게 될 것이다.

ADHD 아동의 뇌

ADHD 아동과 일반아의 뇌 영상을 비교한 결과, ADHD 아동의 양측 전두엽과 측두엽 크기가 상당히 작은 것으로 나타났다. 이들 부위는 주의체계의 일부로 행동을 조절하는 데에 관여한다. 특히 전두엽 발달이 제대로 이루어지지 못할 경우, 과도한 정서반응이나 행동을 조절하지 못한다는 점을 고려하면 ADHD 아동에게 정서조절이나 충동조절 문제가 있는 건 당연해 보인다. 또한 어떤 연구에서는 ADHD 아동이 일반아에 비해 전체 뇌 용량이 상당히 작은 것으로 나타났다.

또한 동일 과제를 수행하는 동안에도 ADHD 아동의 뇌는 일반아의 뇌와 달리 기능하는 것으로 나타났다. 일반아와 완전히 다른 뇌 부위가 활성화되었다(201쪽). 이는 곧 ADHD 아동의 실행적 통제기능이 손상되어, 일반아가 인지과제 해결할 때 활용하는 뇌 부위가 제 기능을 못 한다는 의미이다.

ADHD 아동들이 보이는 낮은 주의집중력은 뇌에서 주의집중과 행동조절을 담당하는 신경전달물질의 불균형과도 관련된 것으로 생각된다. 가령 도파민이나 노르에피네프린 같은 신경전달물질이 부족하면 각성과 경계에 영향을 준다. 또한 낮은 세로토닌 수준은 충동성이나 엉뚱한 행동으로 이어진다.

몇몇 뇌 영상 연구에서는 ADHD 아동의 뇌 기관 중 일부가 일반인에 비해 더 작은 것으로 나타났다. 더욱이 이런 구조적 차이는 유전적 결함과 크게 관련된 것 같다.

ADHD의 행동문제는 뇌의 실행적 통제체계인 전두엽에 문제가 생

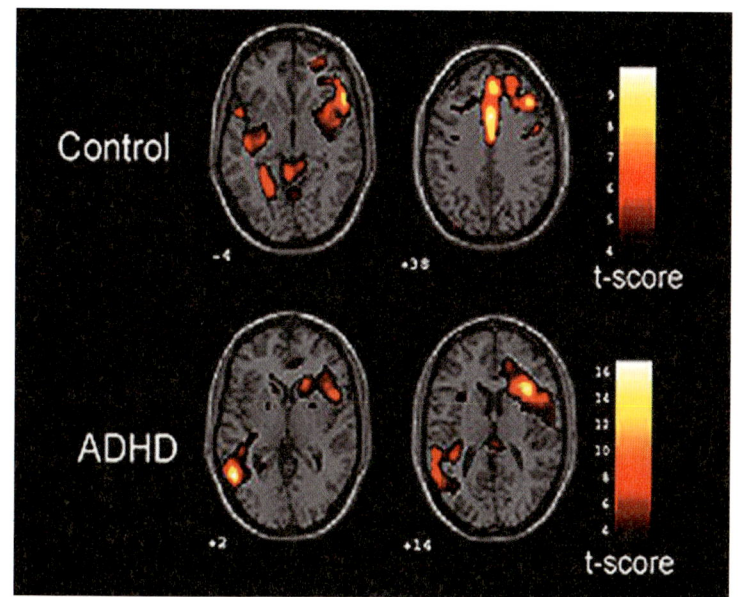

동일한 과제를 수행하는 동안에도 ADHD 아동들(아래)은 일반 아동들(위)과는 달리 뇌의 다른 부위가 활성화되었다.

겨 나타난다. 즉, 충동 반응과 무관한 자극을 억제하고 미래를 예측하며 계획을 담당하는 전두엽에 문제가 생기면, 무관심하고 무례하며 도전적인 행동을 하게 된다. 이런 문제가 지속적인 행동패턴으로 자리 잡으면 아이가 부정적 피드백을 자주 받다보니, 효과적인 중재를 못할 경우에는 분노나 우울증도 나타날 수 있다.

유사 ADHD 예방을 위해 학부모가 기억할 것

유사 ADHD 아동의 경우, 부모가 일관적으로 아래와 같이 행동할 경우 유사 ADHD 증세가 크게 줄어들 수 있다.

정리된 환경을 마련하라

아이의 방을 비롯해 집 전체를 깨끗이 정리한다. 이는 청결 자체가 목적이라기보다 아이가 정리된 환경에 익숙해지기를 기대하는 측면이 있다. 또한 한번 집이 지저분해지기 시작하면 아이도 자연스레 집안을 엉망으로 만들게 된다. 누구나 한번쯤 경험한 적이 있겠지만, 어수선한 환경에서는 주의를 집중하기란 그리 쉽지 않다.

이는 제임스 윌슨James Q. Wilson과 조지 켈링George L. Kelling이 제시한 '깨진 유리창 이론'에서도 잘 나타난다. 뉴욕의 어느 주택가에서 유리창 하나가 깨졌다. 그 유리창을 수리하지 않고 깨진 유리조각을 치우지 않고 있었더니, 점차 주변에 깨진 유리창이 늘어날 뿐만 아니라, 점차 음산하고 범죄가 많아졌다는 이야기이다. 정리된 환경이란 물리적인 것만을 일컫는 게 아니다. 소리와 같은 무형의 환경도 간과할 수 없다. 자녀가 공부하고 있는 동안 부모가 TV를 크게 켜놓거나 왔다 갔다하거나 전화 통화를 크게 한다면 아이의 주의집중은 요원하다.

아이에게 한 번에 한 가지씩 지시해라

아이가 꼭 해야할 일을 지시할 때 한꺼번에 여러 가지를 말하면 아이는 그중 어느 한 가지도 제대로 해내지 못한다. 심지어 유사ADHD 아동 중 일부는 자기가 어떤 지시를 받았는지 기억하지 못하는 아동도 있다. 당연히 그 일을 수행하기 위해 계획을 세운다는 것은 상상할 수도 없는 일이다. 따라서 부모들은 한 번에 한 가지씩 지시하고 아이가 그 일에 집중할 수 있는 환경을 제공한 후에 그 결과를 꼭 확인한다.

아이에게 휴식시간을 갖게 해라

부모들은 아이가 계속 공부하길 원한다. 심지어 아이의 발달 수준에서 보면 쉴 시간이 되었음에도 부모들은 아이들이 쉬지 않고 계속 공부하길 원한다. 하지만 뇌는 하나의 과제에 일정 시간 이상 집중할 수 없고, 집중 시간 또한 발달 단계에 따라 다름을 명심해야 한다. 따라서 가정에서 부모들은 일반 초등학생의 경우에는 30~40분 정도를, 유사 ADHD 아동과 같은 경우에는 좀 더 짧은 시간 집중하기를 요구해야 할 것이다. 유사 ADHD 아동의 경우에는 현 상태에 따라 적절히 조절해야 한다. 처음에는 10분, 다음에는 20분, 그 다음엔 30분으로 늘려가는 것이 적절할 것이다.

아이 주변의 주의산만 요소를 제거하라

요즘 아이들은 주변에 주의산만 요소가 넘쳐난다. 가령, 공부하려 하는 초등학생의 입장에서 생각해보기로 하자. 옆에 MP3, 닌텐도, 핸드폰이 있고 TV에서는 재미있는 오락 프로그램이 방영되고 있고, 인터넷으로 채팅하자던 친구가 생각난다. 이중에서 공부보다 재미없는 것은 한 가지도 없다. 그래도 꾹 참고 책을 잡는다. 그때 핸드폰 진동이 울렸다. 친구가 잠시 후 만나서 놀자는 내용이다. '공부해야 한다'고 문자를 보낸다. '아! 친구가 뭐라 할까?' 친구의 대답이 기대된다. 다시 책을 잡는다. 이런 상황에 처한 아동이 공부에 주의집중하기는 쉽지 않다. 안타까운 것은 요즘 대부분의 아동이 이런 환경에 노출되어 있다는 사실이다. 이런 환경에서는 ADHD나 유사 ADHD 아동이 아닌 일반 아동의 경우라도 공부에 집중하기가 어려울 것이다. 산만한 환경에 자주 노출되다 보면 일반 아이라 하더라도 유사 ADHD 증세가 나타나기 십상이다.

아이가 활동할 기회를 마련해라

한 세대 전인 30년 전의 아동과 오늘날의 아동의 비교했을 때, 요즘 아동들에게 부족한 대표적인 것으로 활동의 부족을 들 수 있다. 예전의 아동들은 놀이가 일상이었지만, 요즘 아동은 학교, 가정, 학원을 오갈 때 외에는 움직일 기회가 거의 없다. 이런 움직임 부족은 주의산만과 밀접한 관련이 있다.

내이(內耳)의 세반고리관과 전정핵이라는 기관은 움직임에 대한 정보를 모으고 피드백한다. 신경자극은 신경회로를 따라 소뇌로부터 시각계와 감각피질을 포함한 뇌의 나머지 부위로 오간다. 전정핵은 소뇌의 조절을 받으며, 뇌간의 윗부분에 있는 망상활성화체계를 활성화시키기도 한다. 아동발달 과정에서 움직임이 부족할 경우에 각성과 관련된 망상활성화체계가 활성화될 기회가 부족하여 주의집중이 어려워진다. 따라서 그네타기, 구르기, 뛰기 등과 같이 내이의 작용을 자극하는 활동이 중요하다.

교사와 긴밀한 관계를 유지해라

유사 ADHD 아동을 지도하기 위해 가장 중요한 것은 인내력과 일관성이다. 성급하게 아이를 바꾸려 해서는 또 다른 문제에 부딪칠 수도 있다. 또한 부모 자신이 인내력을 발휘하는 것도 중요하지만, 담임교사와 규칙을 상의하고 함께 정해서 가정에서나 학교에서 일관적인 지도를 해야 한다. 뿐만 아니라 긴밀한 협력을 통해 정보를 교류해야 한다. 그리 심하지 않은 유사 ADHD 아동이라면 1년 정도만 교사와 부모가 협력 교육을 해도 큰 효과를 기대할 수 있다.

유사 ADHD 예방을 위해 교사가 기억할 것

적당한 학습 속도를 유지하라

진도를 너무 빨리 나갈 경우, 아이들이 정보처리를 위해 필요한 충분한 시간을 얻지 못해 학습의 내용을 이해하지 못한다. 즉, 정보처리를 위해 충분한 시간을 더 할애하지 않으면, 학생들은 이전에 공부한 내용을 계속 생각하느라 현재 과제와 무관한 행동을 하거나 다음 진도를 향해 나가려는 의욕을 보이지 않는다. 그러다보니 그런 아이들이 교사들에게는 ADHD로 보일 수 있고, 비슷한 상황이 반복되면서 수업의 내용을 이해하지 못해 학습에 흥미를 잃어 주의집중을 하기 어려워질 수 있다.

시각적 이미지와 적극적 참여를 최대한 활용하라

최근에는 교사나 지도자의 설명을 '듣기'만 해서 공부를 잘 하는 아이들이 적다. 요즘 아이들은 다채롭게 바뀌는 풍부한 시각적 자극 속에서 성장했다. 그야말로 멀티 환경에서 자란 아이들이다. 또한 적극적인 참여를 강조하는 문화에서 자랐다. 교사의 설명이 너무 길어지면 대부분의 아이들은 낙서(자신의 마음을 시각적으로 표상하는)를 하게 되는데, 이 경우 아이들의 행동은 딴짓으로 여겨지기 십상이다. 청각을 활용한 단일 감각적인 접근보다는 시각을 비롯해 다양한 감각을 자극하는 교수 방법을 활용하고 아이들을 적극 참여시키면 더 많은 아이들의 주의집중을 유도할 수 있다.

아이들을 모두 볼 수 있는 좌석배치를 하자

아이들이 교사의 시야에 들어오지 않아, 학습 지도가 원활하게 이루어지지 않을 경우, 아이들이 딴짓을 하거나 장난칠 수 있다. 특히 수업에 적극적으로 참여할 기회가 없는 경우에는 더욱 그러하다. 따라서 교사가 모든 아이들의 행동을 모니터할 수 있도록 좌석을 재배열해야 한다.

일관된 행동규칙을 적용해라

교사마다 행동규칙을 개별적으로 정하다 보면, 과목마다 교사가 바뀌는 중등학교 이상의 경우에는 각 수업시간마다 적용되는 수업 규칙이 다를 수 있다. 물론 교과 선생님이 들어오는 초등학교 고학년의 경우도 마찬가지다. 더욱이 아이들이 일부 교사들의 규칙 적용과 시행을 독단적이라고 아이들이 판단할 경우에는 저항과 반발심이 생길 것이다. 따라서 전교적인 차원에서 수업 및 행동 지도 규칙이 일관되야 한다. 훈육문제가 적은 학교에서는 일반적으로 모든 교사가 공통으로 적용하는 소수의 규칙만 존재한다.

오랫동안 한 자리에 앉아 있게만 하지 말자

뇌 연구에서는 동작이 신경통로를 형성하고 기억을 인출한다고 제시하고 있다. 오늘날 주의집중을 위해 다양하고 활발한 동작이 필요한 아이들이 더 많아졌다. 오랫동안 자리에 앉아 있으라고 지시할 경우, 유사 ADHD 행동의 전형적인 표시인 안달하기, 몸부림치기, 일어나서 돌아다니기 등이 나타난다. 적당히 아이들의 동작활동을 유도하여 지루함이나 불안한 행동들을 조기에 예방하고, 주의를 환기시켜 주어야 한다.

교실의 조명을 밝게 하자

많은 학생들이 평균 시간 이하의 수면으로 잠이 부족한 상태로 등교한다. 이때 조명까지 흐리면, 아이들은 집중력을 잃고 졸게 되는데 이는 교사의 눈에 주의집중력이 없는 것으로 보인다. 보다 밝은 조명으로 아이들의 생체 리듬을 각성 상태로 유도하고 학습에 참여하도록 독려해야 한다.

교과서 이외의 수업자료로 흥미를 돋워라

교과서가 유익한 수업자료인 건 사실이지만, 대부분의 교과서는 전형적인 틀이 있어 재미나 흥미로움을 유발시키기에는 한계가 있다. 교과서만으로 수업하다보면, 아이들이 주의가 산만해지고 딴짓을 할 가능성이 높아진다. 교과서 외에 다양한 정보를 활용하여, 아동들의 이목을 주목시키고 지루함을 환기시켜야 한다. 또한 교과서에서 만날 수 없는 과외의 정보를 통해 학습에 대한 호기심과 관심을 촉진시킬 수 있다.

토론 수업을 진행해보라

칠판에 적은 내용을 그대로 옮겨 적기만 하는 것은 수동적인 학습의 전형적 패턴이다. 주의를 집중시키는 가장 좋은 방법은 직접 참여하게 함으로써 스스로 생각하게 하고, 스스로 움직이게 하는 것이다. '누구누구라면, 어떻게 할까?'라는 식의 상상력을 자극하는 질문들을 통해 집단 토론을 유도하여 아이들의 사고능력을 키워주자. 이는 또래 집단과 논리적으로 소통하는 방법을 학습할 수 있게 한다.

3
불안해하고 우울해하는 우리 아이 괜찮은가요?

뇌는 인간의 생명유지를 위해 정보를 수집하고 기능을 개발하도록 유전적으로 프로그램되어 있다. 인간의 뇌는 유입되는 모든 신호를 거를 때 생존과 정서 메시지가 중요함을 수천 년 동안 학습해왔다.

그중 뇌간은 체온, 호흡속도, 혈압 같은 생존기능을 모니터하고 조절한다. 정서활동과 관련된 메시지는 전두엽의 도움을 받아 변연계에서 처리·해석된다. 사실 정서 메시지가 생존과 밀접하게 관련되었다는 점에서 실제 상황에서 이들 두 메시지를 구분하긴 어렵다. 생존과 정서 활동과 관련된 메시지는 학습 상황에서 주의집중을 비롯한 개인의 행동에 영향을 준다. 다시 말하자면, 안정된 정서가 주의집중을 유도하고 주의집중은 학습을 유도한다.

무엇보다 정서적 주의가 인지적 인식보다 먼저임을 명심해야 한다. 가령, 우리는 세무서에서 온 고지서를 본 순간 긴장하거나 불안해지는데, 이런 현상은 고지서의 내용을 모른 상태에서 일어난다. 정서반응을 담당하는 변연계의 일부인 편도가 활성화되었기 때문이다. 편도는 전두엽에서 온 정보가 없어도 활성화될 수 있다. 이때 뇌는 사고, 추리, 의식과 같은 인지기능의 도움 없이 정서 상태만으로 반응하는 것이다. 그러나 불안 반응이 일어났더라도 전두엽이 상황을 제대로 파악한 후에는 불안이 사라진다. 앞의 예에서 편지봉투를 보고 불안했다 하더라도 고지내용이 세금환급임을 알게 된다면 불안함은 금세 사라질 것이다. 정서의 안정은 부정적 정서를 유발하는 편도와 이를 억제하는 좌측 전두피질의 상호작용 덕분이다. 균형을 유지하고 정신적으로 건강하려면, 편도와 좌측 전두피질이 적절히 기능해야 한다. 이중 하나라도 제대로 기능하지 못하면, 이상행동이 나타날 것이다.

이 장에서는 뇌의 정서통로를 간단히 소개한 후 정서·행동 장애 중 가장 흔히 나타나는 불안 장애와 우울 장애를 살펴볼 것이다. 정서·행동 장애아가 아닌 아이들 중에도 정서·행동 장애의 요소가 다소 존재할 수 있다는 점에서 일반아동의 부모나 교사들에게도 유용한 정보가 될 것이다.

뇌에서 정서를 느끼는 과정

냄새(후각)를 제외한 모든 외부 정보를 받은 시상은 추가적인 처리를 위해 그 정보를 다른 뇌 부위로 보낸다. 이때 시상에 접수된 정보는 두 개의 통로를 지나 편도로 간다. 빠른 통로(시상통로, 통로 A)는

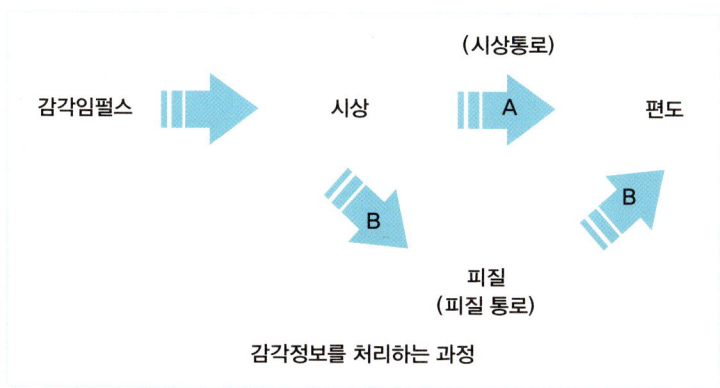

감각정보를 처리하는 과정

시상에서 곧장 편도로 간다. 또 다른 통로(피질통로, 통로 B)는 인지적인 처리를 위해 시상의 신호가 피질(대뇌)을 지나 편도로 간다.

신호가 이 두 통로를 지날 때 걸리는 시간은 각각 다르다. 가령, 소리신호가 통로 A를 지나는 데는 약 12밀리초(1밀리초는 1/1000초) 걸리며, 통로 B를 지나는 데는 앞의 통로의 약 2배가 걸린다. 신호가 어떤 통로를 택하는지의 여부는 곧 생과 사의 차이를 의미할 수도 있다. 요란한 경적소리라는 청각 자극이 통로 A를 지나면, 무슨 일이 생길지 인지적으로 예측할 수 없더라도 우리의 몸은 일단 잽싸게 길가로 도망칠 것이다. 이후에야 피질이 무슨 일이 일어났는지를 설명해주는 과정이 따라온다. 언제나 우리의 인체반응은 생존이 우선이고 제대로 사태를 파악하는 건 나중이다.

이 두 개의 통로가 교란되면 이상행동이 생긴다. 그중 하나는 시상통로가 민감하게 작동할 필요가 없는 일상에서도 시상통로가 과민한 경우이다. 만일 대중 속을 걷는 행위가 두려움과 연합된다면, 불안장애가 발생할 수 있다. 일상적인 행위가 항상 시상통로를 지난다면, 이성으로 조절하기 힘든 공포를 항상 느낄 것이다.

불안장애

정서행동이 정상이려면, 편도가 주도하는 정서가 조절적인 사고와 균형을 이뤄야 한다. 이 두 가지 중 한 가지만 제 기능을 못해도 문제가 발생할 수 있다. 뇌영상 덕분에 신경과학자들이 불안장애를 비롯한 여러 문제의 원인을 파악할 수 있게 되었다. 가령, 정서통로에 문제가 생길 경우 일상적인 감각정보까지 항상 시상통로를 지나 공황발작이 일어나는데, 이는 곧 그 신호가 조절적인 인지의 영향을 받지 않기 때문이다. 한 예를 들어보면 다음과 같다. 누구에게나 과속하는 오토바이 소리에 놀라긴 하지만, 그렇다고 해서 그걸 총소리로 오해하지는 않는다. 그러나 자기 친구나 가족이 총에 맞아 사망한 걸 목격한 청소년이라면 과속 오토바이 소리에도 강한 스트레스 반응이 일어날 것이다. 이런 반응으로 그 청소년은 숨으려 하고 완전히 공황 상태가 될 것이다. 과속 오토바이 소리가 바로 편도(시상회로)로 가서, 공황 상태를 일으킨 게 분명하다. 이런 경우에는 전두엽에서 아무런 입력신호가 없어 이후 반응을 줄이지 못한 것이다.

물론 인간은 대부분 사업상의 프레젠테이션, 중요한 시험, 첫 데이트같이 중요한 일을 앞두고 불안을 느낀다. 하지만 불안장애 환자들은 불안과 공포가 만성적이라 좀체 줄어들지 않으며 오히려 악화될 수도 있다. 때로는 그들의 불안이 아주 심하여 집안에만 틀어박혀 있는 경우도 있다. 불안장애는 학령기에 가장 흔한 장애로, 9~17세 학생들 중 약 13퍼센트에게 이 장애가 있는 것으로 추정되고 있다. 이들은 과도한 불안, 공포 또는 걱정으로 일상생활이 어렵다. 몇 가지 불안장애를 간단히 살펴보면 다음과 같다

공포증

공포증은 사회공포와 특정 공포가 있다. 사회공포가 있는 아이들은 시험볼 때 극도로 두려워하고, 또래들과 함께 있을 때에도 당황하거나 무안해한다. 그들의 공포는 아주 심해서 학업과 일상생활을 방해할 정도이다. 사회공포는 대중 앞에서 말할 때 느끼는 공포처럼 한 상황에만 제한될 수 있다. 심한 경우에는 주변에 다른 사람만 있어도 그런 증세가 나타난다. 신체적 증세로는 얼굴 붉힘, 다한多汗, 떨림, 메스꺼움, 말더듬 등을 들 수 있다. 사회공포는 일반적으로 아동기나 청소년기 초기에 나타나며, 유전 요인과 관련된다는 증거가 있다.

특정 공포는 별로 위험하지 않은 상황이나 물체에 대해 느끼는 비현실적인 공포이다. 흔한 특정 공포로는 폐쇄공포, 고소공포, 터널공포, 고속도로 운전공포, 물공포, 비행공포, 개공포, 혈액공포가 있다. 그런 공포는 극단적이고 비합리적이다. 특정 공포는 보통 아동기와 청소년기에 처음 나타나며 성인기까지 지속되는 경향이 있다.

범불안장애

범불안장애가 있을 경우 비현실적이고 과도한 걱정으로 일상생활

이 어렵다. 범불안장애가 있는 아이들은 미래에 대해 끊임없이 두려워하며, 그럴 만한 이유가 없을 경우에도 최악의 상태를 예측한다. 그들의 불안은 피로, 두통, 근육긴장, 근육통, 삼키기 곤란, 떨림, 경련, 과민, 발한을 동반한다. 범불안장애 아동은 항상 불안하고 잘 놀란다. 집중이나 숙면마저 어려울 정도이다. 불안장애는 남성에 비해 여성이 2배 이상이다.

공황장애

공황장애는 예고 없이 일어나는 무서운 공황발작이 반복된다. 공황장애 환자들은 발작이 일어나지 않는 동안에도 강한 불안을 느끼고 그런 일이 언제 또 일어날지를 걱정한다. 그러다보니 사회생활이 어렵고 집안에 틀어박혀 있는 경우가 대부분이다. 신체적 증세로는 빠른 맥박, 흉통, 마비, 손저림, 메스꺼움, 복통, 현기증 등을 들 수 있다. 공황발작은 아무 때나 일어날 수 있으며 심지어 수면 중에도 일어날 수 있다. 일반적으로 10분 이내에 발작이 가장 심하지만, 더 오래 지속되는 증세도 있다. 연령이 증가하면서 발생 가능성이 현저히 줄어들어 40세 이후에는 거의 드물다.

공황장애는 대부분 청소년기 후기에서 성인기 초기에 시작된다. 공황발작이 일어나면 무력해지기 때문에 그들은 어디에서나 회피하려 한다. 공황장애 환자들 중 약 3분의 1은 넓은 곳에 가는 걸 아주 두려워하는데, 이를 광장공포증이라 한다. 공황장애를 조기치료하면 광장공포증을 예방할 수 있다.

강박장애

강박장애는 반복적인 사고와 행동패턴을 조절하거나 멈출 수 없는 장애이다. 아동기에는 강박장애 발생율이 극히 낮지만, 청소년기가 되면서 증가한다. 강박장애 아동과 정상 아동을 구분하려면, 그런 행동의 출현 정도, 일상생활을 방해하는 정도, 멈추기 힘든 정도를 평가해야 한다. 강박장애 아동들이 벌레나 오물에 대해 강박적일 경우에는 계속 손을 씻거나 의심투성이이고 몇 번씩 확인하려 한다. 그중 일부는 자주 폭력을 생각하고 주변 사람들이 자기를 해칠 거라 두려워한다. 그들은 물건을 만지거나 숫자를 세느라 상당한 시간을 소모하고, 질서나 균형에 몰입해 있다. 강박장애 아동은 자기 행동이 지나침을 모르는 경우도 있다.

외상 후 스트레스 장애

외상 후 스트레스 장애는 플래시백flashback 등과 관련된 신경쇠약 상태로, 심리적으로 고통스런 사건(즉, 신체적·성적 학대, 폭력 피해나 목격, 태풍, 홍수, 폭격 등 외상적인 사건 경험)을 겪은 아이에게 발생한다. 악몽, 정서적 무감각, 분노 또는 신경질이 일반적 증세이다. 외상 후 스트레스 장애는 어떤 연령에서나 나타날 수 있다. 외상 후 스트레스 장애는 가족력이 있으며 외상에 접한 사람 중 일부만 외상 후 스트레스 장애가 발병하는 걸 보면 이를 알 수 있다. 외상 후 스트레스 장애 환자들의 증세는 일반적으로 외상 후 3개월 이내에 나타나며 병의 경과는 아주 다양하다. 어떤 사람들은 6개월 이내에 회복되지만, 다른 사람들은 더 오래 지속되기도 한다. 외상 후 스트레스 장애는 우울증, 약물남용, 기타 불안장애를 동반하기도 한다. 외상 후 스트레스 장애는 약물치료와 주의 깊은 표적치료로 치료될 수 있다.

우울증

우울증은 흔히 '마음의 감기'라고 불린다. 누구나 쉽게 걸릴 수 있지만, 치료도 그다지 어렵지 않기 때문이다. 하지만 우울증은 개인의 능력과 의욕을 저하시켜 현실적 적응을 어렵게 만드는 주요인이다. 우울증은 전 세계적으로 직업적 부적응을 초래하는 가장 중요한 요인으로도 연구되었다. 심각할 경우에는 죽음에 이르는 다리가 되기도 한다.

더구나 젊은 세대가 이전 세대에 비해 우울증 빈도가 더 크게 나타나고 있고 우울증에 걸리는 연령도 점점 더 낮아지는 추세이다. 특히 6~12세는 우울증과 관련된 일종의 전환기로, 그 전반기에는 슬픔이나 무기력을 경험하고 이를 언어로 표현하다가, 그 후반기에는 청소년기나 성인기에는 죄책감, 자기비하, 자아존중감 저하 등의 인지적 증상이 점차 나타나기 시작한다. 실제로 서울대학교 병원에서 고등학생 이상의 일반 성인을 대상으로 실시한 조사결과에 따르면, 17.4퍼센트가 우울증이 있는 것으로 나타났다. 그중 일반인은 9.65퍼센트, 대학생은 12.1퍼센트임에 비해 고등학생의 경우에는 22퍼센트가 우울증으로 나타나 청소년들의 우울증이 더 심각함을 알 수 있다. 뿐만 아니라 초등학생을 대상으로 실시한 보건복지가족부의 조사결과에서는 20.1퍼센트가 우울, 공포, 강박 등의 정서문제가 있는 것으로 나타났으며, 제주대학교 의과대학팀의 조사결과에서는 17.3퍼센트가 우울증 발병 위험이 높은 것으로 나타났다. 여기에 약간의 우울 가능성이 있는 우울성향 아동까지 포함한다면 그 수가 훨씬 더 증가할 것으로 예측되어, 우리나라 초등학생의 정신건강이 적신호임을 말해주고 있다.

그러나 아동기 우울증은 성인기 우울증과 동일한 특징으로 나타나지 않고, 짜증, 건강염려증, 무단결석, 반항, 자기파괴 행동, 등교거부, 학습부진, 과잉활동, 공격성의 증가, 심리·신체적 증상 등으로 나타나기 때문에 일상적인 상황에서는 발견이 쉽지가 않다. 이러한 아동기 우울증의 증세는 일찍이 '위장된 우울증'이라 표현되기도 한다. 이런 까닭에 아이의 우울증이나 우울성향이 노출되기 어렵다.

우울증인 아동의 뇌는 일반아의 뇌와 활성화되는 부위가 다르다. 어떤 부위는 일반아보다 활성화되지 않은 반면, 어떤 부위들은 일반아보다 극단적으로 활성화되어 있다.

전반적으로 우울한 사람의 뇌는 일반인의 뇌보다 활성화 정도가 현저히 낮은 편이다. 이는 곧 전반적인 느림, 무기력 및 흥분부족을 설명해준다. 특히 우울한 사람은 문제해결, 자기조절, 기획력같이 고차적 기능을 담당하는 전두엽이 충분히 활성화되지 않기 때문에, 자기의지에 따라 행동하고 그 행동에 따른 책임감을 다하기 어렵다. 전두엽은 우리가 살아있음을 느끼게 하는 부위로, 망상환자의 뇌에서는 제대로 기능하지 않는다. 실제로 뇌 영상을 이용해 우울증 아동의 뇌를 측정한 결과, 보통 아동의 뇌에 비해 전두엽의 크기가 감소한 반면

외측 뇌실의 크기는 증가한 것으로 나타났다.

우울한 사람들에게서 활성화되지 않는 부위는 주의와 관련된 부위로, 특히 외부의 정보에 주의를 기울이는 두정엽과 상부 측두엽이다. 이러한 사실은 우울한 사람들이 외부자극에 민감하지 못하고 자기 문제에 더 얽매여 있는 이유를 말해준다. 뇌의 뒤에서 앞에 걸쳐 있는 중앙 간극 아래의 앞부분도 활성화되지 않는다. 이 부위는 진화상 피질보다 더 오래되고 두꺼운 신경연결을 통해 변연계와 연결되어 있다. 이 통로를 따라 충동, 욕망 및 무의식적인 기억과 새로운 계획, 아이디어 및 상상이 교류한다.

이와는 반대로 어떤 부위는 지나치게 활성화되어 있다. 그중 하나가 외측 전전두피질이다. 이 부위는 보통 사람의 경우 장기기억으로부터 무언가를 인출할 때 활성화되는 부위이다. 자신의 슬픈 일을 생각해보라고 할 때 활성화되는 부위이기도 하다. 이러한 사실은 이 부위가 슬픈 기억을 유지함을 의미한다. 또한 부정적 정서를 담당하는 편도도 과잉활성화된다. 편도를 자극하는 시상이 활성화되는 것은 물론이고 전대상마저도 활성화된다. 전대상은 우리가 무엇엔가 집중할 때 활성화되고, 특히 슬픈 정서에 고착된다. 뇌에서 이들 부위 중 하나가 활성화되면 다른 부위가 바로 자극을 받아 거의 동시적으로 활성화된다. 가령, 편도가 부정적 정서를 의식하게 되면, 외측 전전두엽이 그 정서와 관련된 장기기억을 인출하고 전대상이 그 정서에 고착되며, 시상이 전체 회로를 활성화시켜 우울을 경험하게 된다.

정서·행동장애아를 위한 지도방안

정서·행동장애아들이 공부에 주의를 기울이길 기대하기 전에, 무엇보다 정서적으로 안정된 환경을 마련해야 한다. 학급 분위기는 교사에 의해 결정되고 학교 분위기는 행정가에 의해 결정된다. 예전에 비해 가정의 기능이 약화되고 아동의 스트레스가 증가한다는 점에서, 교사와 행정가들은 많은 학생들이 학교에서 정서 욕구를 충족시키려 함을 알아야 한다. 교사들과 직원들이 협력하여 과단성 있는 조치를 취하면 긍정적인 정서적 분위기가 마련될 것이다. 여기에서는 긍정적이고 정서적인 학급분위기를 유지하는 몇 가지 간단한 방법을 소개하기로 한다. 이런 방식을 적절히 수정하면 가정에서 부모들도 정서·행동장애나 유사 성향이 있는 아이들을 도울 수 있다.

유머를 활용하자

유머는 주의를 끌고 따뜻한 분위기를 유지하는 아주 효과적인 방법이다. 웃음은 우리 모두에게 일상적인 것으로, 이를 통해 다양한 사람들이 유대를 맺고 함께 있는 게 편안해진다. 다만 대상을 비꼬는 유머는 파괴적인 행동이다.

학생들간의 상호존중을 강조하자

교사가 학생을 존중하고 학생이 교사를 존중하는 것도 중요하지만, 학생들간의 존중도 중요하다. 다음과 같은 사항을 그 예로 들 수 있다.
- 발표할 차례를 기다리는 것만이 아니라 서로의 발표를 경청한다.

- 다양한 의견이나 대립되는 의견을 존중한다.
- 다른 학생이 보충 설명을 해주면 고마워한다.
- 서로 칭찬하고 돕는다.
- 다른 사람의 의견을 구한다.
- 비꼬지 않는다.

모든 교사가 함께 시행하는 규칙을 몇 가지 정하자

정서문제아들은 자신이 정당한 대우를 못 받는다고 생각하면 바로 동요한다. 학교훈육에 대한 연구에서는 훈육문제가 거의 없는 학교의 경우 모든 교사가 함께 시행하는 몇 가지 규칙이 존재하는 것으로 나타났다. 더욱이 중등학생들의 경우에는 하루에 6~8명의 교사를 만난다는 걸 명심해야 한다. 한 교사는 인사를 하지 않은 것에 대해 그리 나무라지 않은 반면, 다른 교사는 크게 나무랄 수도 있다.

정서조절 방법을 가르칠 기회를 찾자

교사들은 학급과 학교 수준에서 학생들에게 정서조절 방법을 가르칠 기회를 모색해야 할 것이다. 학생들의 교내관계, 만족지연, 충동조절, 감정표현을 도울 방법을 찾아야 한다. 이를 위해서는 규칙을 일관적으로 적용하고 부모가 모범을 보이는 게 필수적이다.

진심 어린 칭찬을 하자

정서문제를 지닌 학생들은 자아존중감이 낮다. 그들의 생산적인 노력에 대해 진심으로 칭찬하면 그들의 자아존중감 향상에 큰 도움이 될 것이다. 물론 한두 번 칭찬한다고 해서 자아존중감이 갑자기 높아지는 것은 아니라는 점을 고려해 꾸준한 관심과 지지가 필요하다.

시험의 불안을 줄여라

시험불안은 많은 학생들에게 영향을 주지만, 정서·행동장애아들의 경우에는 스트레스가 가중되면 심각해질 수 있다. 시험불안을 줄일 방법을 모색해야 한다. 교사가 결과지향적이거나 비교하는 경우에 시험불안이 더 높다는 사실을 비추어 볼 때, 부모나 교사의 태도 변화 또한 중요하다. 이미 몇몇 연구에서는 인지행동수정이 시험불안 감소에 효과적인 것으로 나타났다. 인지행동수정을 받은 학생들은 시험불안이 감소하고 학습활동에 대한 자신감이 더 높다.

4 폐쇄적인 우리 아이 괜찮은가요?

자폐아의 원인에 대해서는 다양한 입장이 제시되고 있다. 이 책은 뇌를 통해 아이를 이해하려는 데 관심이 있으므로 여기에서는 자폐아의 뇌를 중심으로 살펴보기로 한다.

미국의 경우 최근 25분에 한 명꼴로 자폐아 진단을 받고 있다. 2006년 질병통제예방센터에서는 아동 166명당 1명이 자폐아라 추정할 정도이다. 다른 장애와 마찬가지로 자폐아 역시 남아가 더 많은 편인데, 자폐아 5명 중 4명은 남아이다. 하지만 아직까지도 자폐아의 정확한 원인은 알려지지 않은 상태이다. 최근 대부분의 연구자들은 자폐가 유전적 요인에 기인한 비정상적인 뇌 발달과 관련된다고 보고 있다. 여기에서는 자폐아의 뇌를 다각도로 살펴보고 자폐와 밀접한 자폐 서번트와 아스퍼거 증후군에 대해서도 간단히 소개하도록 하겠다.

자폐 아동의 특성

자폐 아동들은 뇌의 구조에서 일반 아동과 큰 차이를 보인다. 그중 발달과 관련해 가장 현저한 특징을 들어보면, 머리의 크기가 비정상적으로 작다는 점이다. 최근의 뇌 영상 연구에서는 자폐증의 원인이 출생 이후 비정상적인 뇌 발달 때문인 것으로 나타났다. 이를 '성장조절장애가설'이라 하며, 이 가설에서는 자폐아의 해부학적 이상이 유전적 결함에 기인한 뇌 성장의 잘못된 조절 때문이라 본다. 연구자들은 출생시 자폐아 48명의 머리 크기가 더 작음을 발견했다. 그러나 출생 직후 2개월간과 6~14개월에 극적으로 증가했다. 갑작스럽고 비정상적인 빠른 성장은 뇌의 손상을 예측하게 한다. 이는 우리가 짧은 시간에 많은 일을 하다보면 일이 거칠어지는 것과 마찬가지다.

연구자들은 5세 무렵 자폐아의 머리 크기가 보통의 십대들의 뇌와 비슷함을 발견했다. 그러나 성인이 되면 자폐아와 일반아의 뇌 크기에 별 차이가 없었다. 부모들의 경우 자녀의 자폐증세가 나타나면서 뇌 성장이 특이하게 빠른 걸 보면 아주 당황스러울 것이다. 일반적으로 뇌 조직이 더 많으면 결함보다 이점이 많을 거라 생각하기 때문이다. 그러나 자폐 아동의 경우에는 백질이 과도하게 증가하여 균형에 맞지 않게 뇌 부피가 증가한 것이다. 어떤 면에서는 과외의 뇌세포가 너무 많아 제대로 연결되지 못해서 기능장애가 일어날 수도 있다. 그러므로 영아기에 갑자기 급속도로 진행된 뇌 성장이 조기 경고신호가 되어, 언젠가는 자폐의 조기 진단과 효과적인 생물학적 중재나 예방이 가능할 것이다.

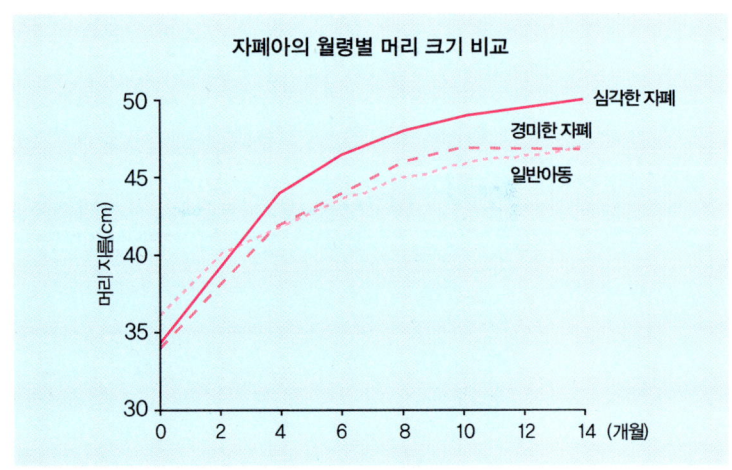

겉으로 보이는 자폐 아동들의 현저한 특징은 응시회피이다. 연구자들의 주된 관심은 자폐아의 형제에게 응시회피 징후가 나타나는지에 있었다. 이런 눈 맞춤 회피 경향은 자폐증의 주요 특징으로 아동에게 자폐증이 있다는 가장 조기의 지표이다. 몇 년 전 연구자들은 응시회피가 얼굴지각과 관련된 뇌 부위 즉, 방추회 결함 때문이라 생각했다. 이 결함이 얼굴에 대한 반응 부족을 유발하는 것으로 여겨졌다. 얼굴에 대한 반응 부족은 자폐증에서 관찰된 사회적 결함의 주원인이다. 최근의 연구에서는 대부분의 자폐아의 경우 이 뇌 구조가 정상인 것으로 나타났다. 사진을 응시하는 동안 개인의 눈을 추적하는 새로운 연구에서는 자폐증이 없는 형제들에게서도 자폐인 청소년과 비슷한 응시회피패턴이 나타났다. 그들은 가족과 친구의 사진을 볼 때마저도 눈 접촉이 적게 나타났는데, 이는 그 행동이 유전적 수줍음 때문은 아님을 말해준다.

청소년들이 사진을 바라보는 동안 MRI로 편도를 스캔했는데, 이는 편도가 정서나 얼굴 표정 해석과 관련되기 때문이다. 실험결과 자폐 청소년과 그 형제집단의 편도는 더 작았다. 그렇다고 해서 작은 편도가 자폐증을 유발하는 건 아니다. 자폐증이 없는 형제의 경우 이런 이상異常을 다른 뇌 체계가 보상해주는 게 틀림없다. 자폐 청소년이 사진 속의 눈을 응시할 때마다 편도의 활동이 활발한 것으로 나타났는데, 이는 부정적 감정이 존재함을 나타낸다. 자폐 청소년이 사진의 눈을 피하면, 편도의 활동이 감소하는 것으로 나타났다. 그렇다면 결국 응시회피는 활성화된 편도로 인한 불안수준을 낮추려는 목적에 기여하는 것이다.

자폐 아동들은 신경전달물질의 분비에 있어서도 차이를 나타낸다. 많은 연구에서는 신경전달물질이 자폐에 미치는 영향을 파악하기 위해 다양한 신경전달물질들을 주목하고 있다. 그중 세로토닌이 자폐와 관련된다는 증거가 가장 많다. 자폐 아동의 약 25퍼센트는 세로토닌 수준이 높았다. 선택적 세로토닌 재흡수제를 투여했더니 일부 자폐아의 증세가 완화됐다.

무엇보다 자폐 아동들이 보이는 특징적인 증세는 다른 사람의 마음을 추론하지 못한다는 점이다. 즉, '마음의 이론'이라는 것에 결함이 있다. 마음의 이론이란 다른 사람의 행동을 설명하거나 예언하기 위해 다른 사람의 사고나 믿음을 추론하는 능력이다. 자폐아들은 타인의 관점에서 상황을 바라보거나 다른 사람의 정서와 동기를 이해하기 어렵다. 이는 자폐아가 어떤 상황에 주의를 집중하여 게임하기와 같은 간단한 행동을 하는 것마저 아주 어려워하는 이유이다.

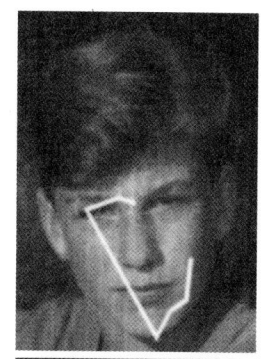

일반아(위)와 자폐아(아래)의 응시회피패턴

일부 연구자들은 전두엽과 측두엽에서 발견된 폰 에코노모 뉴런이 자폐와 관련이 있다는 연구결과를 내놓기도 했다. 폰 에코노모 뉴런은 사회적 유대감 형성, 보상과 벌, 복잡한 상황에 대한 직관적인 반응과 밀접한 관련을 맺는다. 자폐증을 겪는 아동의 경우 폰 에코노모 뉴런이 있는 뇌 부위가 일반 아동에 비해 작은 것으로 나타났다. 이 뉴런이 제대로 발달하지 못한 것이 자폐 아동들의 사회적인 결함과 잘못된 직관과 관련이 있는 것으로 추측된다.

필자는 프롤로그에서 거울뉴런에 대해 언급한 바 있는데, 이 뉴런 덕분에 우리는 마음속으로 다른 사람의 경험을 재현하고 다른 사람의 정서를 이해하며 공감한다. 연구자들은 자폐아들의 공감부족이 거울뉴런 체계의 결함 때문일 거라 추측한다. 뇌 영상과 뇌파 연구에서는 통제집단에 비해 자폐아의 거울뉴런 체계가 활성화되지 않은 것으로 나타났다. 거울뉴런은 폰 에코노모 뉴런과는 다른 뇌 부위에 있으며 구조적으로도 다르다.

자폐 서번트

자폐아의 약 10퍼센트는 눈에 띄는 능력과 기능이 있다. 다른 아이가 겨우 선을 긋거나 끄적거릴 무렵, 일부 자폐아는 아주 상세하고 실감나게 그림을 그리며 원근감까지 살릴 정도이다. 일부는 말하기 전부터 글을 읽거나 혼자서 악기를 연주하기도 한다. 심지어 어떤 곡을 한 번만 듣고도 거의 비슷하게 연주하기도 한다. 어떤 아동은 믿기지 않을 정도로 계산을 빨리하거나 몇 페이지에 이르는 전화번호, 몇 년간의 스포츠 득점 상황, 모든 TV쇼의 내용 등 엄청난 양의 정보를 기억한다. 그런 능력을 서번트 기능이라 하는데, 물론 극단적인 경우는 드물다. 거꾸로 서번트 기능이 있다고 해서 모두가 자폐증인 것도 아니다.

연구자들은 자폐아들에게 서번트 기능이 있는 이유를 설명하려 노력해왔다. 오늘날의 이론에 따르면, 자폐증의 한 가지 특징이 장점인 동시에 단점이라는 것이다. 이를 '중앙수렴'이라 하는데, 뇌가 유입 정보를 맥락 속에서 처리하는 능력 즉, 부분을 의미 있는 전체로 종합하는 능력을 일컫는다. 자폐아들의 경우 중앙수렴 능력이 약하기 때문에, 그들은 포괄적인 의미를 무시하고 세부적인 것과 부분에 집중한다. 이로 인해 그들은 사회적 상황에서 어려움을 겪고, 얼굴을 부분적으로 처리하여 다른 사람의 얼굴 표정에 나타난 정서를 파악하지 못한다.

자폐 서번트 중 하나로 말레이시아의 핑 리안Ping Lian이라는 아동을 살펴볼 수 있다. 자폐증을 앓고 있는 핑 리안은 사소한 일상생활마저 어렵지만, 그가 그려내는 그림들은 매우 천재적이라고 평가받고 있다. 어떤 연구자들은 이런 서번트의 놀라운 재능이 우뇌와 관련되는 반면, 그들이 가지고 있는 자폐적 성향과 같은 결함은 좌뇌와 관련됨을 관찰했다. 그들의 자폐 성향은 태내발달로 거슬러 올라가는데, 태내발달 과정에서도 좌뇌는 우뇌에 비해 늦게 발달한다. 특히 남자 태아의 경우 과도하게 테스토스테론이 순환하여, 발달중인 좌뇌의 성장을 더욱 늦추고 심지어는 신경기능의 손상을 불러일으킬 수도 있다.

말레이시아의 핑 리안. 핑 리안은 자폐 서번트로 미술에 천부적인 소질을 갖고 있다. 누군가에게 따로 미술 교육을 받지 않았으나 6살 때부터 처음으로 그림을 그리기 시작하여 16살에는 영국에서 개인전을 열기도 했다.

이때 순간적으로 우뇌의 직관적인 서번트 기능이 나타나게 된다. 자폐 아동이나 자폐 서번트 모두 여아에 비해 남아가 많은 것은 이와 무관하지 않다.

자폐적 성향을 가진 아동들을 위한 지도방안

시각 자료를 활용하라

자폐 성향을 가진 아동들은 학습의 방식이 일반 아동들과 다르다. 즉, 다른 사람의 생각을 파악하지 못하고 감각의 부하를 겪으며 사회적 상호작용 과정에서 정서 대신 인지를 활용한다. 타인의 감정에 공감하는 능력이 부족한 것이다. 따라서 그들의 일과표나 학습안을 계획할 때에는 눈으로 볼 수 있도록 시각 자료를 활용하는 것이 효과적이다.

구조화 작업이 필요하다

자폐 성향을 가진 아동들은 보이지 않는 과정을 추론해내는 능력이 부족하다. 따라서 단계적으로, 순차적으로, 명확하게 인지할 수 있도록 체계적인 틀을 잡아 학습시켜야 한다.

- 내용을 조직화한다.
- 분명하게 지시해준다.
- 정서적인 안정감을 찾아준다.
- 규칙을 정해준다.
- 사건의 예측가능성과 일관성을 제공해준다.
- 독립성을 늘려나가도록 배려한다.

사회적 상호작용의 방법을 알려주어야 한다

자폐 성향을 가진 아동들은 또래 집단이나 성인들과 대화를 하고 협업을 하는 과정에서 상호작용하는 방법을 배워야만 한다. 구체적인 방법에는 다음과 같은 것들이 있다.

- 아이가 놀라지 않도록 예측할 수 있는 상황을 조성해주어야 한다.
- 계획된 대화 스크립트를 만들어 반복해준다.
- 나누는 주제나 메시지는 아동이 하는 행동과 생활과 관련이 있어야 한다.
- 즉각적으로 인지할 수 있는 시각적 자료나 청각적 자료를 활용해야 한다.

에필로그

아이의 뇌가 품고 있는
무한한 잠재력을 위해

　이제 뇌를 통해 아이를 알아보려는 긴 여정을 마치게 되었다. 이 책을 통해 '아이가 얼마나 보였는지'는 독자의 몫이다. 일부 독자들의 경우에는 아이를 너무 뇌 일변도로 보는 게 아닌가 하는 의구심이 들었을 수도 있다. 건축가는 건축물로, 신발장수는 신발로, 옷장수는 옷으로 세상을 보는 것처럼, 필자 역시 뇌로 아이를 보려 했음을 부인할 수는 없다. 모든 아이에게 뇌가 있고, 뇌가 언어, 사고, 생명, 정서의 중추라는 점에서 뇌를 통해 아이들의 행동을 관찰하는 관점은 독자들에게 많은 생각할 거리를 주었을 것이라고 생각한다.

　혹자는 뇌를 통해 아이를 이해하려는 시도가 생물학적 접근에만 의존한 나머지 아이를 수동적이고 숙명적인 존재로 전락시키는 게 아닌가 하는 의문을 제기할 수도 있다. 그러나 결코 그렇지 않다. 뇌를 통해 아이를 이해한다는 것은 뇌에 나타난 아이의 현재 상태를 파악하는 것이지, '뇌가 ○○하면 훗날 반드시 □□할 것'이라고 숙명적으로 예언하는 건 아니기 때문이다. 오히려 가능성을 예측해 극복의 기회를 얻을 수도 있다. 우리 뇌는 훈련, 교육, 상담, 문화 등의 환경적인 요인이나 자신의 노력을 통해 계속 변하기 때문이다. 앞에서도 여러 차례 설명했지만 우리의 뇌는 무궁무진한 가능성을 가지고 있다.

요즘 매스컴이나 책에 뇌 관련 연구들이 소개되면서, 뇌 연구결과를 과일반화하거나 자의적으로 해석하여 상업적으로 남용하는 경우가 적지 않다. 좀 더 구체적으로 말하면, 뇌 연구결과의 특정 측면을 자신의 프로그램과 무리하게 관련지어 선전하면서 뇌 개발 프로그램이라 자칭하는 사례가 우후죽순처럼 등장하고 있다. 그런데 아직까지 신경과학과 교육학을 체계적으로 연구한 학자 수준에서 뇌의 제 기능을 두루 아우르는 단일 프로그램이 개발된 적은 전혀 없다. 그렇기 때문에 '뇌'라는 이름이 붙었다고 해서 교육효과가 특별히 '탁월'할 수는 없다. 학부모나 교사들은 '뇌', '뇌 개발'라는 이름이 붙은 프로그램이라 해서 '학습효과가 특별할' 것이라는 막연한 기대를 버리고 냉정하게 검토해야 할 것이다.

'뇌'와 쌍벽을 이루어 유행하는 다른 하나는 단연코 '영재'일 것이다. 인터넷 검색창에 '영재'를 치면, 영재를 만든다는 프로그램들이 화면에 무수히 뜰 것이다. 모든 아이들의 잠재력이 무한한 것은 사실이다. 그렇다고 해서 부모들에게 '누구나 영재가 될 수 있다'는 환상을 심어주는 건 곤란하다. 영재에 대한 부모들의 과도한 환상은 자칫 자녀의 정상적인 발달마저 그르칠 수 있다. 아들딸을 영재를 만들려는 부모들의 지나친 욕심과 잘못된 환상으로 아이를 다그치기보다는 아이의 잠재력을 정확히 파악하여 지원해줄 때, 우리 아이들이 자기가 하는 일을 즐기고 성취감과 행복감을 느끼게 될 것이다.

부모나 교사들의 노력으로 훗날 아이들의 '해야 할 일'과 '할 수 있는 일', 그리고 '하고 싶은 일'이 일치한다면, 우리 아이들은 진정으로 행복한 삶을 누릴 수 있을 것이다. 따라서 우리의 학부모들과 교사가 고민해야 할 부분은 '우리 아이가 어떻게 해야 똑똑해질 수 있을까'가 아니라, 아이가 하고 싶어 하는 일이 무엇인지, 그리고 그것을 어떻게 촉진시킬지에 대한 방법이다. 이때 꼭 명심할 사항은 아이를 계속 지원하고 '기다려주어야 한다는 점'이다. 조급함을 버리고 꾸준히 우리 아이의 성장을 기뻐하며 기다리다보면 아이들은 스스로 행복을 찾아갈 것이다. 아울러 부모나 교사들이 풍부한 독서, 진중한 사고, 타인을 배려하는 행동과 같은 올바른 습관을 보여준다면, 아이의 거울뉴런이 필시 '의미 있는 타인'의 그런 모습을 인식하고 자신의 삶에 그 모습들을 담아갈 것이다.

참고문헌

김유미, 『뇌를 통해 본 아동의 정서』, 학지사, 2005
김유미, 『두뇌를 알고 가르치자』, 학지사, 2002
다니엘 에이먼, 『영혼의 하드웨어인 뇌 치유하기』, 김유미 옮김, 학지사, 2006
데이비드 소사, 『영재의 뇌는 어떻게 학습하는가』, 김유미 옮김, 시그마프레스, 2008
데이비드 소사, 『장애아의 뇌는 어떻게 학습하는가』, 김유미 옮김, 시그마프레스, 2008
피터 러셀, 『인간의 두뇌』, 김유미 옮김, 교육과학사, 1996
하비 뉴퀴스트, 『위대한 뇌』, 김유미 옮김, 해나무, 2007
Armstrong T. (1993). *7 kinds of smart*, NY: A Plume Book.
Battro A. M. (2002). *Half a brain is enough*, Cambridge: Cambridge University Press.
Battro A. M. et al. (2008). *The educated brain*, Cambridge: Cambridge University Press.
Bruer J. T. (1998). Brain science, brain fiction. *Educational Leadership*, 56, 14~18.
Bruer J. T. (1998). *The myth of the first three years*, NY: The Free Press.
Caine G. et al. (1995). *Mindshifts: A brain-compatible process for professional development and the renewal of education*(2nd ed.). AZ: Zephyr Press.
Caine R. N. & Caine, G. (1994). *Making connections*. NY: Addison-Wesley Publishing Company.
Caine R. N. & Caine, G. (1997a). *Education on the edge of possibility*. VA: ASCD.
Caine R. N. & Caine. G. (1997b). *Unleashing the power of perceptual change: The potential of brain-based teaching*. VA: ASCD.
Carper J. (2000). *Your miracle brain*. NY: Harper Collins Publishers.
Carter R. (1999). *Mapping the mind*. CA: University of California Press.
Chugani H. T. (1991). Imaging human brain development with positron emission tomography. *Journal of Nuclear Medicine*. 32, 23~26.

Chugani H. T. (1998a). A critical period of brain development: studies of cerebral glucose utilization with PET. *Prev Med.* 27, 184~188.

Chugani H. T. (1998b). Adaptability of the developing human brain. Conference: The developing child brain and behavior. Erikson Institute and the University of Chicago.

D'Arcangelo M. (2000). A wake-up call about brain. *Education Update.* 42, online version.

Damasio A. R. (1994). *Descartes' error: Emotion, reason, and the human brain.* NY: Quill.

Davis J. (1997). *Mapping the mind.* NJ: A Birch Lane Press Book.

Dawson G. & Fischer, K. W. (1994). *Human behavior and the developing brain.* NY: The Guilford Press.

Dennison P. E.(1985). *Whole brain learning for the whole person.* CA: Edu-Kinesthetics.

Diamond M. & Hopson, J. (1998). *Magic trees of the mind.* NY: Plume.

Doidge N. (2007). *The brain that changes itself.* London: Penguin Paperbacks.

Edelman G. M. & Changeux. (2001). J.(eds.) *The Brain.* London: Transaction Publishers.

Elbert T., Heim, S., & Rockstroh, B. (2001). Neural plasticity and development. In C. A. Nelson, & M. Luciana(eds.). *Handbook of developmental cognitive neuroscience.* Massachusetts: Massachusetts Institute of Technology.

Gardner H.(1983). *Frames of mind.* NY: Basic Books.

Gardner H. (1993). *Multiple intelligences: The theory into practices.* New York: Basic Books.

Gardner H. (1995). Reflections on multiple intelligences. *Phi Delta Kappan.* 76, 200~209.

Gazzaniga M. S. et al.(eds.). (2000). The new cognitive neuroscience(2nd ed.). Massachusetts: Massachusetts Institute of Technology.

Goleman D. (1995). *Emotional intelligence.* NY: Bantam Books.

Gopnik A., Melzoff, A. N., & Kuhl, P. K. (1999). *The scientist in the crib.* NY: Morrow.

Greenberg M. T. & Snell, J. L. (1997). Brain development and emotional development. In P. Salovey, & D. J. Sluyter. *Emotional development and emotional intelligence.* NY: BasicBook.

Greenfield S. A. (1997). *The human brain.* NY: Basic books.

Greenfield S. A. (2000). *The private life of the brain*. NY: John Wiley & Sons.
Greenough W. T. & Black, J. E. (1992). Induction of brain structure by experience: Substrates for cognitive development. In M. R. Gunnar, & C. A. Nelson(eds.). *Developmental behavioral neuroscience*. NJ: Lawrence Erlbaum Associates, Publishers.
Greenspan S. & Greenspan, N. T. (1989). *First feeling*(3rd ed.). NY: Penguin Books.
Gunnar M. R. (1998). Quality of early care and buffering of neuroendocrine stress reactions: Potential effects on the developing human brain. *Preventive Medicine*. 27, 208~211.
Hannaford C. (1995). *Smart moves*. Virginia: Great Ocean Publishers.
Jensen E. (1996). *Brain-based learning*. CA: Turning Point Publishing.
Jensen E. (2000c). *Learning with the body in mind*. CA: The Brain Store.
Jensen E. (2000d). *Music with the brain in mind*. CA: The Brain Store.
LeDoux J. (1996). *The emotional brain*. NY: Simon & Schuster.
Lewis M. & Haviland-Jones. J. M.(eds.) (2000). *Handbook of emotions*(2nd ed.). NY: The Guild Press.
Lorch Jr., R. F. & Lorch. E. P. (1996). Effects of organizational signals on free recall of expository text. *Journal of Educational Psychology*. 88, 38~48.
Lozanov G. (1978). *Suggestology and outlines of suggestopedy*. NY: Gordon & Breach.
MacLean P. D. (1990). *The triune brain in evolution: role in paleocerebral functions*. NY: Plenum Press.
Markowitz K. & Jensen, E. (1999). *The great memory book*. CA: The Brain Store
Mayer J. D., Salovey. P., Caruso. D. R., & Sitarenios. G.(in press). Emotional intelligence as a standard intelligence. Emotion.
Mayer J. & Salovey. P. (1990). Emotional Intelligence. *Imagination, Cognition, and Personality*(9). 185~211.
Ornstein R. & Thompson, R. F. (1984). *The amazing brain*. Massachusetts: Houghton Mifflin Company.
Politano C. & Paquin. J. (2000). *Brain-based learning with class*. Winnipeg: Portage & Main Press.
Ramachandran V. S. & Blakeslee. S. (1998). *Phantoms in the brain*. NY: Quill.
Ratey J. J. (2001). *A User's guide to the brain*. NY: Pantheon Books.
Rauscher F. H. et al. (1993). Music and spatial task performance. *Nature*. 365, 611.
Restak R. (2001a). *Mozart's brain and the fighter pilot: Unleashing your*

brains potential. NY: Harmony Books.

Restak R. (2001b). *The secret life of the brain.* NY: The Dana Press & The Joseph Henry Press.

Richardson S. (1996). Tarzan's little brain. *Discover Magazine.* 17, 100~102.

Rolls E. T. (1999). The brain and emotion. England: Oxford University Press.

Salovey P. & Sluyter. J. D.(eds.) (1997). *Emotional development and emotional intelligence.* NY: Basics.

Schlaug G. (1995). In vivo evidence of structural brain asymmetry in musicians. *Science.* 267, 699~701.

Sergent J. (1992). Distributed Neural Network Underlying Musical Sight-Reading and Keyboard Performance. *Science.* 257, 106~109.

Shatz C. J. (1999). The developing brain. In A. R. Damasio. *The scientific American book of the brain.* NY: The Lyons Press.

Sousa D. A. (2001). *How the brain learns*(2nd ed.). California: Corwin press.

Sprenger M. B., *Becoming a "wiz" at brain-based teaching.* CA: Corwin Press.

Steele R. (1999b). The Mozart effect: Fact or fantasy? http://www.earlychildhood.about.com/education/earlychildhood/library/blsteele.htm.

Sylwester R. (1994). How emotions affect learning. *Educational Leadership.* 52, 60~68.

Sylwester R. (2000). *A biological brain in a cultural classroom* California: Corwin Press.

The New York Times(1999. 6. 18). Key to intellect may lie in the folds of Einstein's brain.

Tileston D. W. (2000). *10 best teaching practices.* CA: Corwin Press.

Weinberger N. M. (1998a). Brain, behavior, biology, and music: Some research findings and their implications for educational policy. *Arts Education Policy Review.* 99, 28~36.

Weinberger N. M. (1998b). The music in our minds. *Educational Leadership.*56, 36~40.

Wolfe P.(2001). Brain Matters: Translating research into classroom practice. VA: ASCD.

사진 출처

약칭: fl-www.flickr.com

프롤로그(첫 번째) Smiling child, Hue, Vietnam ⓒ Hanoi Days (fl), (두 번째) jordi's big smile ⓒ matilina (fl), (세 번째) grasp reflex ⓒ Yong Poh Foong (fl), (네 번째) Great big smile! ⓒ AllieW (fl) | 13쪽 Human brain ⓒ Gaetan Lee (fl) | 20쪽 Simultaneous chess exhibit v. Judit Polgar, 1992-7 ⓒ Ed Yourdon (fl) | 24쪽 The Fond du Lac Reporter photo ⓒ Justin Connaher, http://www.daroldtreffert.com/ 25쪽 ⓒ David DiSalvo | 26쪽 (왼쪽) Einstein's math ⓒ thirdwise (fl), (오른쪽) Einstein plays violin ⓒ Ethan Hein (fl) | 45쪽 (위) ⓒ Penfield and Rasmussen | 46쪽 ⓒ Amphigorey | 58쪽 http://andrewnewberg.com/pet2b.asp/ 67쪽 (왼쪽) World Naked Bike Ride S?o Paulo ⓒ Ricardo Carreon (fl), (오른쪽) Nastia Liukin (United States) ⓒ jodfevic (fl) | 68쪽 Prof. Stephen W. Hawking ⓒ Peter Kelemen (fl) | 79쪽 http://www.kohlerwellness.com/ 92쪽 Harlow-monkey ⓒ trumpetmaster17 (fl) | 95쪽 ⓒ Tom Prentice | 100쪽 Sabina's Maternity Shoot ⓒ andylangeland (fl) | 101쪽 ⓒ Sterling Clarren | 112쪽 I Love You Forever ⓒ Alyssa Anne Photography (fl) | 113쪽 (왼쪽) tv ⓒ eti (fl), (오른쪽) Aidan watching TV ⓒ Vivian Chung Photography (fl) | 122쪽 Peace ⓒ love_child_kyoto | 127쪽 http://sdic.sookmyung.ac.krdrug_monographview.asptp=p&id=10 | 128쪽 (바빈스키 반사) Babinski Reflex ⓒ Automatt, (모로 반사) Moro reflex ⓒ deronhusak, (잡기 반사) happy chloeⓒ Yong Poh Foong (fl), (잠수 반사) ⓒ http://www.aqua-vie.com/ 166쪽 (왼쪽) Alphabet Blocks ⓒ Leo Reynolds (fl) | 169쪽 (왼쪽, 오른쪽) http://blog.naver.com/teenzzini2 | 173쪽 http://blog.naver.com/teenzzini2 | 181쪽 http://www.loni.ucla.edu/~thompson/DEVEL/5to20_NormalDevelopment.jpg | 197쪽http://www.ucdmc.ucdavis.edu/welcome/features/20071128_mind_adhd | 221쪽 ⓒ Dalton et al, 2005 | 224쪽 ⓒ Pin Lian, http://www.pinglian.com/

참고 웹사이트 및 참고도서

Carter R., Mapping the mind, CA: University of California Press, 1999
Diamond M. & Hopson, J., Magic trees of the mind, NY: Plume, 1998
Gazzaniga M. S. et al.(eds.), The new cognitive neuroscience(2nd ed.). Massachusetts: Massachusetts Institute of Technology, 2000
Gazzaniga M. S., Ivry, R. B., & Mangun, G. R., Cognitive neuroscience(2nd ed.). NY: W. W. Norton & Company, 2002
Healy J. M., Your child's growing mind. NY: Doubleday, 1994
Jensen E., Brain-based learning. CA: Turning Point Publishing, 1996
Neubauer A. C., Grabner, R. H., Freudenthaler. H. h., Beckmann. J. F., & Guthke, J., #Intelligence and individual differences in becoming neurally efficient#, Acta Psychologica, 116, 55~74, 2004
Newquist H. P., The Great Brain Book, Scholastic Reference, 2004
중앙일보시사미디어, 『귀여운 우리 아기: 미국의 육아 전문가와 뉴스위크 기자가 알려주는 최신 육아법』, 중앙일보시사미디어, 1999
KBS, 『인체 대탐험 8부작-두뇌의 신비』, 2000

뇌를 알면 아이가 보인다
ⓒ 김유미 2009

| 1판 1쇄 | 2009년 4월 17일 |
| 1판 6쇄 | 2018년 4월 24일 |

지은이   김유미
펴낸이   김정순
책임편집 한아름 허영수
디자인   김리영 모희정
마케팅   김보미 임정진 전선경

펴낸곳   (주)북하우스 퍼블리셔스
출판등록 1997년 9월 23일 제406-2003-055호
주소   04043 서울시 마포구 양화로 12길 16-9 (서교동 북앤빌딩)
전자우편 henamu@hotmail.com
홈페이지 www.bookhouse.co.kr
전화번호 02-3144-3123
팩스   02-3144-3121

ISBN 978-89-5605-339-4 03370

이 도서의 국립중앙도서관 출판도서목록(CIP)은 서지정보유통지원시스템
홈페이지(http://seoji.nl.go.kr)와 국가자료공동목록시스템(http://www.nl.go.kr/kolisnet)에서
이용하실 수 있습니다. (CIP제어번호 : CIP2009000957)

* 본문에 포함된 사진 등은 가능한 한 원저작권자와 출처 확인 과정을 거쳤습니다.
  그 외 저작권에 관한 문의사항은 해나무 편집부로 해주시기 바랍니다.